가족 간 상속·증여
영리법인으로 하라!

신방수 세무사의

가족 간 상속·증여 영리법인으로 하라!

신방수 지음

두드림미디어

최근 상속세를 걱정하는 층이 상당히 많이 늘어났다. 아파트 한 채만 보유하고 있더라도 상속세 과세기준을 훌쩍 뛰어넘어 과세되는 일들이 많아지고 있기 때문이다. 이러한 현상은 세법이 개정되지 않는 한 앞으로도 지속될 가능성이 크다. 아시다시피 상속세율은 10~50%로 상당히 높고, 상속재산에서 공제하는 금액은 10억 원 정도에 머물러 구조적으로 상속세가 상당히 많을 수밖에 없다. 이때 배우자가 없으면 공제액이 5억 원 대로 줄어들어 그 부담은 더 커진다. 그래서 예로부터 상속세를 줄이기 위해 재산을 꼭꼭 숨기거나 자녀 등에게 미리미리 증여하곤 했다. 하지만 증여세율도 상속세율과 같고 10년 상속세 합산과세가 적용되어 이러지도 저러지도 못하는 상황들이 연출되고 있다.

이 책 《가족 간 상속·증여 영리법인으로 하라!》는 이러한 배경 아래 상속세를 걱정하는 이들에게 상속세를 조금이라도 줄일 방법을 제공하기 위해 집필했다.

그렇다면 이 책의 장점은 무엇일까?

첫째, 국내 최초로 법인상속과 증여에 필요한 세무 문제를 모두 다뤘다.

이 책은 총 7장과 부록으로 구성됐다. 우선 1장부터 2장까지는 법인상속이나 증여에 필요한 기초내용을 다뤘으며, 3장과 4장은 실무자의 관점에서 알아두면 좋을 내용을 다뤘다. 여기에는 영리법인과 주주에 대한 세무처리법 등이 포함됐다. 5장부터 7장까지는 법인상속과 증여에 대한 실전 내용을 다루고 있다. 이를 통해 개인과 법인의 상속과 증여에 대한 차이점 등을 비교할 수 있을 것이다. 한편 부록은 상속과 증여에 맞는 법인의 주주 구성법을 다뤘다. 한편 이 책의 뒷부분에 2025년 정부의 상속세 개편안과 이에 대한 분석을 실었다.

- 제1장 왜 상속·증여도 법인인가?
- 제2장 개인과 법인의 재산 이전방법 비교
- 제3장 의사결정 전에 알아둬야 할 합산과세의 원리
- 제4장 영리법인과 주주의 세무회계 처리법
- 제5장 개인과 법인의 상속선택과 실행절차
- 제6장 개인과 법인의 증여선택과 실행절차
- 제7장 법인의 가수금과 세무상 쟁점
- [부록] 법인의 주주구성 요령

둘째, 실전에 필요한 다양한 사례를 들어 문제해결을 쉽게 하도록 했다.

이 책은 실무에의 적응력을 높이기 위해 모든 내용을 사례를 중심으로 입체적으로 분석했다. 이론과 사례를 결합해서 분석하면 실무적응력이 커지기 때문이다. 이 외에 실무적으로 더 알아두면 유용할 정보들은 Tip이나 절세 탐구를 추가해 정보의 가치를 더했다. 또한 곳곳에 요약된 핵심정보를 제공해 실무적용 시 적응력을 높일 수 있도록 노력했다.

셋째, 법인상속과 증여에 관한 최신의 정보를 모두 다뤘다.

법인상속은 개인 상속의 한계에서 검토되는 주제에 해당한다. 따라서 개인 상속만을 통해 문제가 해결된다면 복잡하게 법인상속을 준비할 필요가 없다. 한편 개인 상속세의 부담이 너무 크다 보면 필연적으로 개인증여나 매매 등을 선택할 텐데, 이 경우에도 상황이 여의치 않을 수 있다. 이럴 때 법인증여가 그 대안이 될 수 있다. 이 책은 이러한 관점에서 법인상속과 법인증여에 대한 과세원리를 다뤘다. 이 과정에서 법인의 주주에게 상속세와 증여세가 어떤 식으로 부과되는지, 이를 없애는 방안들은 무엇인지 등도 깊이 분석했다. 이 외에도 법인의 가수금을 둘러싼 세무상 쟁점과 상속과 증여에 맞는 법인과 주주 구성법 등에 대해서도 살펴보았다.

이 책은 고액재산가는 물론이고 이들을 대상으로 각종 서비스를 제공하는 자산관리나 세무업계 등의 종사자들이 보면 좋을 내용으로 가득 차 있다. 특히 법인컨설팅을 염두에 두고 있는 세무업계 종사자들이 실무적으로 점검해야 할 내용들이 다수 포진하고 있어 업무처리 시에 세금에 대한 지침서 역할을 할 수 있을 것으로 기대한다. 이 외에도 평소 상속세와 증여세에 관한 실무지식을 얻고 싶은 일반인들에게도 훌륭한 지침서가 될 것으로 보인다. 다만, 법인상속 등에 대한 세제를 독창적으로 다루다 보니 일부 내용에서 오류가 있거나 내용이 부족한 부분이 있을 수 있다. 이 부분은 향후 개정판을 통해 보완할 것을 약속드린다. 이 책과 관련한 세무 상담이나 기타 세무정보가 필요하면 저자가 운영하는 네이버 카페(신방수세무아카데미)를 활용하면 된다.

이 책은 많은 분의 응원과 도움을 받았다. 우선 이 책의 내용에 대한 오류 및 개선 방향 등을 지적해주신 KDB산업은행 세무전문위원 이영진 파트장님께 감사의 말씀을 드리며, 그의 앞날에 무궁한 발전이 있기를 기원한다. 그리고 항상 저자를 응원해주는 네이버 카페 회원분들, 가족의 안녕을 위해 늘 기도하는 아내 배순자와 대학생으로서 본분에 충실히 임하고 있는 두 딸 하영과 주영에게도 감사의 말을 전한다.

아무쪼록 이 책이 법인상속과 증여에 대한 세무지식을 늘리는 데 작은 도움이라도 됐으면 한다.

독자들의 건승을 기원한다.

역삼동 사무실에서

세무사 신방수

이 책을 읽을 때는 아래 사항에 주의하시기 바랍니다.

1. 개정세법의 확인

이 책은 2024년 7월 말에 적용되고 있는 세법을 기준으로 집필됐습니다. 실무에 적용 시에는 그 당시에 적용되고 있는 세법을 확인하는 것이 좋습니다. 세법 개정이 수시로 일어나기 때문입니다. 특히 상속세의 경우 세율 인하 등의 논의가 있으므로 이 부분을 간과하지 마시기 바랍니다. 이에 대한 자세한 내용은 이 책의 마지막 부분에서 다루고 있습니다.

2. 용어의 사용

이 책은 다음과 같이 용어를 사용하고 있습니다.

- 상속세 및 증여세(법)→상증세(법)
- 부가가치세→부가세
- 양도소득세→양도세
- 종합부동산세→종부세

3. 세무 등 관련 법률정보

- 조정대상지역(조정지역)은 대한민국 전자관보에서 확인할 수 있습니다.
- 상속세, 증여세, 법인세 등과 관련된 세무정보는 국세청 홈택스 홈페이지에서 알 수 있습니다.
- 상속세, 증여세 등 자동계산기는 저자의 카페에 탑재되어 있습니다.

4. 책 내용 및 세무 상담 등에 대한 문의

책 표지의 안 날개 하단을 참조하시기 바랍니다. 참고로 세무 상담은 저자의 카페에서 자유롭게 할 수 있습니다.

제7장 법인의 가수금과 세무상 쟁점

부록 법인의 주주구성 요령

제1장

왜 상속·증여도 법인인가?

한계에 봉착한
개인의 상속·증여

법인(내국영리법인을 말한다)에 대한 상속이나 증여에 관한 관심이 고조되고 있다. 원래 상속과 증여는 개인을 중심으로 이루어지나, 현재 개인에 대한 세제가 상당히 과중해 이에 대한 한계점이 노출되자 이러한 현상이 발생하고 있다. 다음에서 이에 대한 구체적인 이유를 알아보자.

첫째, 개인의 세율이 과도하기 때문이다.

상속세와 증여세(상증세)의 경우 10~50%, 양도소득세(양도세)의 기본세율은 6~45%(지방소득세 별도)까지 이른다.

▶ 법인세는 9~24%로 개인의 10~50% 등과 극명하게 대비된다.

둘째, 10년 누적합산 과세가 적용되기 때문이다.

증여를 여러 차례 해서 재산을 분산하면 전체적인 세금이 줄어든다. 이에 상속세는 10년(상속인 외의 자는 5년) 합산과세로 대응하며, 증여세도 10년 합산과세로 대응한다. 이렇게 개인에게 합산과세가 광범위하게 작동되면 상속세나 증여세 모두 증가하게 된다.

▶ 법인에 증여하면 상속세 합산과세는 5년으로 단축되며, 증여세 합산과세는 적용되지 않는다.

셋째, 세법규제가 상당히 많기 때문이다.

현행 상증법상의 규제는 주로 개인에 초점을 맞추고 있다. 예를 들어 개인이 증여받은 부동산을 10년 이내에 양도하면 취득가액 이월과세가 적용되는 것이 대표적이다. 이 제도가 적용되면 양도 시 취득가액이 증여 당시의 가액이 되지 않고 당초 증여자가 취득한 가액이 되어 세부담이 증가한다. 이 외에도 다양한 규제들이 상당히 많다.

▶ 법인은 앞의 이월과세 같은 제도를 적용하지 않는다.

넷째, 자산관리가 제대로 되지 않을 수 있기 때문이다.

상속이나 증여로 개인에게 이전된 재산들은 그 자에게 귀속된다. 따라서 이에 대한 자산관리는 모두 그 개인이 스스로 하는 것이 일반적이다. 이러한 구조적인 문제로 상속재산 등이 허공으로 사라지는 일들이 종종 발생하기도 한다.

▶ 법인은 조직적으로 자산을 관리할 수 있다.

다섯째, 상속 분쟁이 심심치 않게 발생한다.

평소 상속대비를 해둔 경우라면 상속세도 줄일 수 있고 상속 분쟁도 줄어들 가능성이 크다. 그런데 이에 대한 대비가 없는 상황에서 갑자기 상속이 발생하면 상속세를 어쩔 수 없이 내는 경우도 많고, 더 나아가 가족 간 상속 분쟁을 겪는 경우도 많다.

▶ 법인으로 상속이나 증여를 준비하다 보면 다양한 쟁점을 미리 파악할 수 있

고 이에 대비할 수 있어 상속 분쟁 대비 같은 부수적인 효과를 누릴 수 있다.

| Tip | 법인으로 하면 어떻게 바뀔까? |

① 상속·증여세 세율 10~50%→법인세율 9~24%
② 10년 상속누적합산 과세→5년 합산과세(개인증여는 10년 합산과세→법인증여는 합산 과세 없음)
③ 편법 상속과 증여에 대한 세법규제→법인은 이월과세 등을 적용하지 않음(단, 주주 에 대한 규제가 있으므로 선별적으로 대응해야 함).
④ 허술한 자산관리→법인의 조직을 통한 체계적인 관리 가능
⑤ 상속 분쟁→법인상속이나 증여 준비과정에서 미리 대비하게 됨.

개인의 상증세율과
법인의 법인세율 비교

앞에서 살펴본 내용을 하나씩 살펴보자. 이러한 내용을 잘 이해하는 것은 향후 업무처리 등을 위해 매우 기본적인 내용이 될 것이다. 먼저 개인에게 적용되는 상속세 및 증여세율(상증세율)과 법인에 적용되는 법인세율의 체계부터 살펴보자.

1. 상증세율 대 법인세율

1) 상증세율

과세표준	세율	누진공제
1억 원 이하	10%	–
1억~5억 원 이하	20%	1,000만 원
5억~10억 원 이하	30%	6,000만 원
10억~30억 원 이하	40%	1억 6,000만 원
30억 원 초과	50%	4억 6,000만 원

상증세율은 5단계 누진세율로 되어 있다. 이 중 과세표준이 30억 원

을 초과하면 50%의 세율이 적용된다. 따라서 고액재산가 집안에서 이에 대해 대비하지 못하면 많은 상속세를 부담할 수밖에 없다. 참고로 상증세에는 지방소득세가 별도로 부과되지 않는다.

※ 상속세 개정 추진

정부와 여당을 중심으로 다음과 같이 상속세를 개편하려는 움직임을 보인다.

① 상속세율 인하→과세표준 상향조정 및 세율 인하 추진

② 일괄공제 상향→5억 원에서 그 이상으로 상향

③ 유산과세형→유산취득과세형으로 변경

④ 가업 승계 시점 과세→지분 매각 시 과세(자본이득세)로 변경

이 중 ③과 ④는 당장 추진하는 것은 한계가 있으나, ①과 ②는 국회의 동의를 얻어 바로 시행할 수 있다. 2024년 12월 정기국회 논의결과를 지켜봐야 할 것으로 보인다(세제 개편안은 이 책의 마지막 부분에 실어 두었다).

2) 법인세율

과세표준	법인세율		지방소득세	총 세율
	세율	누진공제		
2억 원 이하	9%	-	0.9%	9.9%
200억 원 이하	19%	2,000만 원	0.19%	20.9%
3,000억 원 이하	21%	4억 2,000만 원	0.21%	23.1%
3,000억 원 초과	24%	94억 2,000만 원	0.24%	26.4%

법인세율은 4단계 누진세율로 과세표준이 200억 원 이하하면 9~19%의 세율이 적용된다. 한편 법인세에 대해서는 지방소득세(10%)가 별도로 부과된다.

▶ 이 책에서는 법인에 대한 상속 및 증여를 할 때 법인세율은 대부분은 19%를 적용하는 것으로 하고 있다.

2. 적용 사례

사례를 통해 앞의 내용을 확인해보자. 다음 자료를 보고 물음에 답해 보자.

| 자료 |
· 총 재산가액 : 45억 원
· 상속공제액 : 15억 원
· 기타 사항은 무시하기로 함.

Q1. 만일 상속이 발생한 경우 예상되는 상속세는 얼마인가?

상속세는 상속재산가액에서 상속공제액을 차감한 금액에 대해 과세된다. 따라서 사례의 경우 과세표준은 30억 원이고 이에 40%와 1억 6,000만 원(누진공제)을 차감하면 10억 4,000만 원이 된다.

Q2. 사례의 상속세율은 40%가 적용되고 있다. 만일 이를 30% 이하로 떨어뜨리고 싶다면 얼마의 상속재산가액을 없애면 되는가?

상속세율 30% 이하는 과세표준 10억 원 이하가 되어야 하므로 사례의 경우 20억 원 상당액을 줄이면 된다. 참고로 이 경우 상속세는 다음과 같이 변한다.

· 10억 원×30%-6,000만 원(누진공제)=2억 4,000만 원

Q3. Q2에서 언급된 20억 원을 법인에 증여하면 얼마의 법인세가 예상되는가?

법인세의 경우 자산수증이익에 대해 9~24%가 적용된다. 이 경우 법인세 예상액은 다음과 같다.

· 법인세 : 20억 원×19%-2,000만 원(누진공제)=3억 6,000만 원
· 지방소득세 : 법인세×10%=3,600만 원
· 계 : 3억 9,600만 원

Q4. 이렇게 상속재산을 분산시킨 결과 당초 상속세는 얼마의 감소가 예상되는가?

당초 상속세 예상액은 10억 4,000만 원이었는데 상속재산 분산 후 2억 4,000만 원으로 8억 원이 감소했다. 다만, 이러한 계획으로 인해 법인세가 3억 9,600만 원이 늘어나 대략 4억 원이 줄어든 것으로 나타났다.

Q5. 지금까지의 결과를 보면 높은 상속세 누진세율을 피하고자 재산분산을 꾀해 상속세를 낮출 수 있었다. 하지만 세법은 이렇게 세 부담을 피하는 것을 싫어한다. 그래서 다른 장치가 있을 가능성이 큰데 그게 무엇일까?

고율의 세율을 피하고자 재산을 인위적으로 분산하는 것을 방지하기 위해 법인증여를 선택한 경우, 해당 법인의 주주에게 증여세를 부과한다. 이때 주주가 받은 이익이 1억 원 이상이 되어야 한다.

Q6. 이 사례에서 얻을 수 있는 교훈은?

높은 상속세율을 피하고자 법인증여를 선택할 때는 이에 대한 실익 분석이 우선이다. 이를 위해서는 다음과 같은 절차를 고려할 필요가 있다. 이에 대한 자세한 내용은 뒤에서 살펴본다.

첫째, 개인에게 예상되는 상속세를 파악한다.

둘째, 법인증여에 따라 예상되는 법인세와 주주에 대한 상속세를 계산한다.

셋째, 주주에 대한 증여는 주주구성과 증여금액에 따라 과세 여부가 결정되므로 법인설립 시 고려한다.

※ 저자 주

법인상속과 증여는 개인의 상속과 증여에 대한 하나의 대안으로 모든 상황에 맞는 것은 아니다. 따라서 독자들은 올바른 상속과 증여 의사결정을 위해서 법인상속과 증여를 언제 검토해야 하는지를 정확히 짚을 수 있어야 한다. 일단 다음의 그림을 참조하고 자세한 내용은 순차적으로 알아보자.

* 개인 상속세율이 30%를 초과(40% 이상)하는 경우라도 법인의 상속과 증여가 우월하다는 것은 아님에 유의할 필요가 있다. 상황마다 대안이 달라질 수 있기 때문이다.

개인과 법인의
합산과세 비교

    상속세와 증여세의 세율은 10~50%로 상속재산이나 증여재산이 많을수록 세 부담이 늘어나는 식으로 되어 있다. 따라서 이러한 누진적인 세 부담을 줄이기 위해서는 상속 전에 증여를 쪼개서 하면 상속세나 증여세를 줄일 수 있다. 하지만 이렇게 되면 상속세와 증여세의 과세제도가 유명무실해질 수 있다. 이에 현행 상증법에서는 10년(5년) 합산과세제도를 두고 있다. 다음에서 개인의 합산과세제도를 법인과 비교해보자.

1. 개인

1) 상속세
    상속세를 낮추기 위해 사전에 증여한 경우에는 다음과 같이 상속세 합산과세를 적용한다. 참고로 매매는 합산과세와 관계가 없다.

구분	상속인*	상속인 외의 자**
합산 기간	10년	5년
합산금액	증여일 당시의 가액	좌동

▶ 상속세 합산과세는 보통 10년이 적용되므로 이를 피하기 위해서는 상속개 시일로부터 10년 전에 증여가 완료되어야 한다. 만일 70세에 사전 증여를 하면 80세, 80세라면 90세 이후에 상속이 발생해야 한다. 따라서 사전 증여 시점이 늦으면 늦을수록 재산분산의 효과가 떨어질 수밖에 없다.*

* 사전 증여에 대한 불이익은 5장에서 다룬다.

2) 증여세

증여세를 낮추기 위해 사전에 증여횟수를 늘리면 증여세 합산과세를 적용한다.

구분	동일인*	비고
합산 기간	10년	부모는 동일인에 해당
합산금액	증여일 당시의 가액	

* 증여세 합산과세는 10년간 동일인(증여자가 직계존속이면 그 직계존속의 배우자를 포함한다)으로부터 받은 증여재산가액을 합한 금액이 1,000만 원 이상이면 그 가액을 증여세 과세가액에 가산한다.

▶ 개인이 동일인으로부터 증여를 받으면 10년 합산과세가 적용되고 합산한 증여금액에 대해 10~50%의 증여세율이 적용되다 보니 증여를 마음대로 하기가 힘들다는 측면이 있다.

3) 상속과 증여에 대한 합산과세의 관계

상속과 증여에 대한 합산과세는 별개로 적용된다.

• 평소에는 증여세 합산과세를 적용한다.→증여일 전 소급해서 10년 내 동일인에게 받은 증여재산가액을 합산한다.

- 상속이 발생하면 상속세 합산과세를 적용한다.→상속개시일 전 소급해서 10년(5년) 내의 증여재산가액을 합산한다.

※ 상속 대 증여 합산과세 요약

구분	증여	상속
합산 기간	10년	10년 또는 5년
합산대상 자산	합산 기간 내 동일인에게 증여받은 재산	합산 기간 내 증여한 재산
합산금액	증여일 당시의 평가액	좌동

2. 법인

법인이 상속받거나 증여받으면 모두 법인세로 계산된다. 이러한 법인세는 사업연도(통상 1.1~12.31)에 발생한 소득에 대해 과세하므로 증여의 경우 개인과 같은 증여세 합산과세제도는 적용하지 않는다. 다만, 법인의 상속세 합산과세 기간은 5년(법인의 주주는 5~10년)을 적용한다.

※ 개인과 법인의 증여·상속세 합산과세 요약

증여세 합산과세		상속세 합산과세	
개인	법인	개인(주주 포함)	법인
10년	–	· 상속인 : 10년 · 위 외 : 5년	5년

3. 적용 사례

사례를 통해 앞의 내용을 확인해보자. K 씨는 다음과 같이 증여했다. 물음에 답해보자. 다음 가족들은 모두 국내 거주자에 해당한다.

- 2010년 1월 1일 : 배우자에게 5억 원 증여
- 2018년 1월 1일 : 법인에 5억 원 증여(자녀와 며느리 50% 지분 보유)
- 2020년 1월 1일 : 손·자녀에 1억 원 증여
- 2023년 1월 1일 : 자녀 A에 2억 원 증여
- 2024년 9월 9일 : 자녀 B에 2억 원 증여

Q1. 자녀 B가 K 씨의 배우자(모)로부터 2025년에 1억 원을 받으면 증여세 합산과세가 적용되는가?

K 씨(부)와 K 씨의 배우자(모)는 세법상 동일인에 해당하므로 2024년 9월 9일의 증여금액과 합산을 해야 한다. 따라서 이 경우 증여재산가액은 총 3억 원이 된다.

Q2. 증여자인 K 씨가 2026년에 사망한 경우 상속재산가액에 포함되는 증여금액은 얼마인가?

구분	금액	상속재산가액 포함금액	비고
2010년 배우자 증여분	5억 원	×	10년 경과
2018년 법인증여분	5억 원	×	5년 경과
2018년 법인주주(자녀) 증여분	5억 원	2억 5,000만 원*	· 자녀 : 10년 미경과 · 며느리 : 5년 경과
2020년 손·자녀 증여분	1억 원	×	5년 경과
2023년 자녀 A 증여분	2억 원	2억 원	10년 미경과
2024년 자녀 B 증여분	2억 원	2억 원	10년 미경과
계	20억 원	6.5억 원	

* 2018년 법인에 대한 증여금액 5억 원은 5년이 경과됐기 때문에 합산과세를 하지 않는다. 그런데 그 당시 법인주주(자녀, 며느리)의 이익이 1억 원 이상이라 이들에게 증여세가 과세됐는데, 이때 자녀의 상속세 합산 기간은 10년이고 며느리는 상속 외의 자로 5년이 적용된다. 따라서 이 중 자녀의 증여금액만 상속재산가액에 합산한다.

Q3. 이 사례를 통해 얻을 수 있는 교훈은?

사전 증여를 할 때는 다음과 같은 점에 유의해야 한다.

첫째, 동일인으로부터 증여를 받으면 증여세 합산과세 기간은 10년이 적용된다.

둘째, 증여한 후 상속이 발생하면 상속세 합산과세가 적용된다. 이때 합산 기간은 상속인과 상속인 외의 자로 구분해서 합산 기간을 적용한다.

▶ 상속이 임박해서 사전 증여를 하면 합산과세가 적용되는 등의 부작용이 발생하므로 이를 적용받지 않기 위해서는 사전 증여를 미리 할 필요가 있다.

셋째, 법인에 사전 증여한 경우에는 법인은 5년, 주주에 대해 증여세가 과세될 때는 10년(상속인 외 주주는 5년)의 합산과세 기간이 적용된다.

▶ 주주에 대한 상속세 합산과세를 피하기 위해서는 주주에 대한 증여세가 나오지 않도록 관리할 필요가 있다.

※ 법인에 증여 시 주의해야 할 상속세 합산과세

구분	수증법인	수증법인의 주주
수증 시 과세	법인세	증여세
과세방식	자산수증이익으로 과세 (결손금 통산 가능)	주주당 증여이익 1억 원 이상 시 과세
상속세 합산과세 기간	5년	10년(상속인 외의 주주는 5년)
상속세 합산과세 시 증여세액공제	증여세 산출세액 공제*	좌동

* 상증법을 적용한 증여세 산출세액을 공제함에 유의할 것(즉, 법인세 상당액을 공제하는 것은 아님)

개인과 법인의
세법상 규제

상속과 증여는 외부와의 거래가 아닌 가족 내부에서 발생한 것이라 높은 세율을 피하고자 편법이 등장하는 경우가 많다. 이에 상증법에서는 이를 규제하고자 다양한 제도들을 등장시켜왔다. 다음에서는 이에 관한 내용에 대해 개인과 법인을 비교해보자.

1. 상속세

상속재산을 축소 신고하는 것을 방지하기 위해 마련된 제도에는 다음과 같은 것들이 있다.

1) 상속개시 전

첫째, 합산과세제도가 있다.

상속개시 전에 재산을 증여하면 상속세 누진세의 회피를 가져올 수 있다. 따라서 상속개시 전에 사전 증여한 재산가액은 상속재산가액에 합산한다. 합산하는 기간은 상속인은 10년, 상속인 외의 자는 5년이다. 상속인은 보통 피상속인의 배우자와 자녀가 되며, 상속인 외의 자는 손·자녀, 며느리, 사위, 영리법인 등이 된다.

구분	개인	법인
상속 합산과세	10년 (상속인 외의 자는 5년)	5년

▶ 일반적으로 합산과세에서는 법인이 개인보다 유리하다.

둘째, 상속추정제도가 있다.

상속개시 전에 미리 재산을 은닉하는 경우에는 상속추정제도가 적용된다. 이 제도는 상속개시 전 2년(1년) 이내에 5억 원(2억 원) 이상의 재산을 처분하거나 인출 또는 채무를 부담한 경우 자금의 용도를 상속인이 소명토록 하는 제도를 말한다. 이때 소명이 미흡한 경우 절차에 따라 미소명금액을 상속재산가액에 합산하게 된다.

구분	개인	법인
상속추정제도	상속개시일 전 1~2년	무관

2) 상속개시 후

첫째, 상속을 받은 후 5년 이내에 재산변동이 있으면 이에 대해서 조사가 진행된다.

구분	개인	법인
재산변동 조사	5년	사실상 관계가 없음.

둘째, 상속세 부과제척기간이 있다.

상속세나 증여세의 경우 부과제척기간은 보통 10년에서 15년이 된다. 탈세나 무신고 또는 허위신고는 15년간 세금을 추징할 수 있으나 기타의 경우는 10년이다. 다만, 탈세 목적으로 은닉한 재산가액이

50억 원을 초과하면 과세관청이 그 사실을 안 날로부터 1년 이내에 추징할 수 있다. 이를 정리하면 다음과 같다.

구분	개인	법인
부과제척기간	10년~평생	사실상 관계가 없음.

2. 증여세

증여재산 은닉을 방지하기 위해 마련된 제도에는 다음과 같은 것들이 있다. 이를 시간의 흐름에 따라 정리해보자.

1) 증여 전

최종 증여일로부터 10년 이전에 동일한 증여자에게 받은 증여금액을 합산해서 정산하도록 하고 있다.

구분	개인	법인
증어 합산과세	10년	무관

2) 증여 후

첫째, 증여일 후에는 앞의 상속세처럼 제척기간과 같은 장치가 되어 있다.

둘째, 직계존비속이나 배우자로부터 부동산 증여를 받은 후 10년(2022년 이전 증여분은 5년) 이내에 양도하는 경우에는 취득가액 이월과세제도가 적용된다.

이 제도는 증여받은 후 10년 이내에 양도하면 당초 증여자의 취득가액을 기준으로 양도세를 계산하는 제도를 말한다. 다만, 증여받은 자가 내는 증여세와 양도세의 합계액이 이월과세를 적용해서 나온 양도세보다 더 많으면 이 제도가 적용되지 않는다.

구분	개인	법인
취득가액 이월과세	적용	무관

▶ 법인에 증여한 후에 10년 이내에 해당 법인이 증여받은 자산을 양도 시 개인에게 적용되는 취득가액 이월과세는 적용되지 않는다.

셋째, 직계존비속 간에 매매하면 일단 증여추정을 하고 반증이 없으면 증여세를 부과하는 제도도 있다. 이 외에도 재산 취득자금 등에 대한 증여 추정(자금출처조사) 등도 있다.

구분	개인	법인
증여추정	적용	무관(단, 법인도 자금출처조사를 받을 수 있음)

3. 적용 사례

사례를 통해 앞의 내용을 확인하고 다음 물음에 답해보자.

| 자료 |
• A 부동산의 현재의 시가 : 6억 원(향후 10년 내 8억 원으로 상승 예상)
• A 부동산의 취득가액 : 2억 원
• 이 부동산을 개인이나 법인에 증여 시 취득세율은 4%임.
• A 부동산 양도 시 장기보유특별공제율은 10% 적용(이월과세 적용 시는 30%)
• 기타 사항은 무시하기로 함.

Q1. 위 부동산을 배우자에게 증여하면 증여세는 나오는가?

아니다. 배우자끼리는 10년간 6억 원까지 증여세가 나오지 않는다.

Q2. 앞의 부동산을 배우자에게 증여한 후 10년 이내에 양도하면 양도세는 줄어드는가? 취득세 등은 고려하지 않는다.

아니다. 배우자 등에게 증여한 후 10년 이내에 양도하면 취득가액을 당초 증여자가 취득한 가액으로 하므로 양도세가 줄어들지 않는다(이월과세 적용).

구분	이월과세 적용×	이월과세 적용○
양도가액	8억 원	8억 원
−취득가액	6억 원	2억 원
=양도차익	2억 원	6억 원
−장기보유특별공제 (10%, 30%)	2,000만 원	1억 8,000만 원
=과세표준	1억 8,000만 원	4억 2,000만 원
×세율	38%	40%
−누진공제	1,994만 원	2,594만 원
=산출세액	4,846만 원	1억 4,206만 원
지방세 포함 총 세액	5,330만 원	1억 5,626만 원

Q3. 앞의 부동산을 법인에 증여한 후 10년 이내에 양도하면 어떤 효과가 발생하는가? 취득세 등은 고려하지 않는다.

이 경우 법인에 증여한 때와 법인이 양도한 때를 구분해서 세금을 계산한 후 이를 합산해 분석해야 한다.

구분	증여 단계	양도 단계	계
증여재산가액/양도가액	6억 원	8억 원	
−취득가액		6억 원	
=양도차익		2억 원	
×법인세율	19%	9%	

−누진공제	2,000만 원	−	
=산출세액	9,400만 원	1,800만 원	
지방세 포함 총 세액	1억 340만 원	1,980만 원	1억 2,320만 원

Q4. 사례의 경우 총평을 한다면?

개인에게 증여한 후 양도를 통해 세 부담을 절감하는 시도는 이월과세제도의 적용으로 쉽지가 않다(단, 배우자와 직계존속 이외에는 이월과세제도가 적용되지 않음). 하지만 법인에 증여한 후 양도하면 이월과세가 적용되지 않으므로 때에 따라서는 세 부담의 효과를 누릴 수 있게 된다. 다음의 추가분석을 살펴보자.

| 추가분석 |

Q5. Q3처럼 법인에 증여 후 양도한다고 하자. 이때 증여받은 연도의 법인의 결손금은 6억 원이고, 양도한 후의 결손금이 2억 원이라고 하면 이 경우 법인세는 얼마인가?

구분	증여 단계	양도 단계	계
증여재산가액/양도가액	6억 원	8억 원	
−취득가액		6억 원	
=양도차익		2억 원	
−결손금	6억 원	2억 원	
=법인세 과세표준	0원	0원	
×법인세율	−	−	
−누진공제	−	−	
=산출세액	−	−	
지방세 포함 총 세액	0원	0원	

개인과 법인의
자산관리 비교

재산을 보유한 부모로서는 본인의 재산이 사후에도 그대로 존속하는 것을 원한다. 물론 해당 자산은 좀 더 체계적으로 관리가 됐으면 하고 바란다. 이러한 관점에서 최근 법인을 통해 이를 관리하는 추세로 진행하고 있다. 다음에서 이에 대해 알아보자.

1. 법인의 운영원리

법인은 법률에 따라 권리능력이 인정된 법적인 독립체를 말한다. 개인은 생명이나 능력 면에서는 한계가 있으나, 법인은 개인과는 달리 생명이나 능력에 한계가 없다는 특징이 있다. 이처럼 법인은 영속성이 강한 한편, 조직적으로 경영이 된다는 것을 알 수 있다. 이를 좀 더 구체적으로 알아보면 다음과 같다.

- 법인격 부여→법인설립등기를 함으로써 법인이 태어난다.
- 소유와 경영의 분리→법인의 소유는 주주가, 경영은 대표이사가 하는 식으로 조직을 갖추는 것을 말한다.
- 경영 의사결정→회사의 기관(주주총회, 이사회, 감사) 등을 통해서 한다.

- 주주의 유한책임→주주는 자신이 보유한 지분율 한도 내에서 책임을 부담한다.
- 자본의 증권화→주주*가 출자한 자본은 증권화되어 수시로 매도나 증여 등을 할 수 있다. 또한, 신주를 발행할 수도 있다.

* 주주는 배당금을 수취할 수 있고, 주식을 양도해 차익을 얻을 수 있다.

2. 적용 사례

K 씨는 다음과 같은 법인의 주주에 해당한다. 물음에 답해보자.

| 자료 |
- 장부상 자산 가액 100억 원, 부채액 50억 원, 자본금 5억 원
- K 씨의 지분율 : 20%

Q1. 이 법인의 재무상태는?

자산 100억 원	부채 50억 원
	자본금 5억 원 잉여금 45억 원

Q2. K 씨는 이 법인을 어떤 식으로 소유하고 있는가?

K 씨는 자산과 부채, 자본의 20%를 각각 소유하고 있는 것으로 볼 수 있다. 따라서 잉여금 45억 원을 배당한다고 할 때 이의 20%를 받을 수 있는 권리가 있다.

▶ 주주는 자신이 출자한 자본을 한도로 책임을 진다.

Q3. K 씨는 주주이지만 해당 법인의 이사로 재직할 수 있는가?

그렇다. 이에 대해서는 제한이 없다.

개인과 법인의
상속 분쟁 비교

　상속재산을 두고 조금이라도 더 차지하기 위해 가족 간에 싸움이 발생하기도 하고, 재산분쟁으로 재판장을 오고 가는 집들도 늘어나고 있다. 다음에서는 상속 분쟁의 이유와 법인을 통해 이를 관리하면 이 부분이 조금이라도 해소되는 이유 등을 정리해보자.

1. 상속 분쟁의 이유

　개인 간 상속 분쟁이 일어나는 이유는 다양하다. 몇 가지만 요약하면 다음과 같다.

　첫째, 재산분배방법을 잘 모르기 때문이다.

　평소에 상속재산분배에 대해 함구하다가 막상 상속이 일어나면서 재산분배방법을 두고 우왕좌왕하는 경우가 많다.

　둘째, 상속인이 여러 명이거나 재혼 등으로 이해관계가 얽혀 있는 경우가 많기 때문이다.

셋째, 특정 상속인에게 사전 증여 등으로 불공평한 재산분배가 있는 경우가 많기 때문이다.

2. 법인으로 상속을 준비하면 상속 분쟁이 줄어드는 이유

높은 상속세율이 예상된 경우 법인상속도 하나의 대안이 된다. 그런데 법인은 민법상 상속을 받지 못하므로 생전에 유언장 등을 준비해야 한다. 이러한 과정에서는 세무전문가나 법무전문가 등이 개입하는 경우가 일반적이므로, 이 과정에서 상속재산 분배방법 등을 포함한 다양한 쟁점을 고려하게 된다.

▶ 이처럼 전문가의 개입이 조기에 이루어지면 상속 분쟁이 줄어드는 효과를 누릴 수 있다.

3. 적용 사례

K 씨는 다음과 같은 재산을 보유하고 있다. 물음에 답해보자.

| 자료 |
- 30억 원 상당(5년 전 자녀 A에게 증여한 금액 5억 원 제외)
- 전 부인과의 자녀 A, B, 현 부인과의 자녀 C, D
- 전 부인과 현 부인은 생존해 있음.

Q1. 만일 K 씨가 사망한 경우 상속인은 누구인가?

민법상 상속인 1순위는 자녀와 배우자가 해당한다. 따라서 사례에서의 상속인은 법률상 배우자인 현 부인과 자녀 4명이 된다.

Q2. 상속인의 법정 상속지분은 어떻게 되는가?

자녀의 경우 1, 배우자는 1.5가 된다. 따라서 배우자는 1.5/5.5, 자녀들은 각각 1/5.5의 지분을 갖는다.

Q3. 상속인들은 법정 상속지분에 따라 상속재산을 나누려고 한다. 이때 A 씨가 증여받은 금액도 상속재산에 포함해야 하는가?

원칙적으로 제외된다. 다만, 유류분 청구 시 이 부분이 포함되는지는 별도로 검토해야 한다.

민법 제1114조(산입될 증여)
증여는 상속개시 전의 1년간에 행한 것에 한하여 제1113조의 규정에 의하여 그 가액을 산정한다. 당사자 쌍방이 유류분 권리자에 손해를 가할 것을 알고 증여를 한 때는 1년 전에 한 것도 같다.

참고로 상속인의 유류분은 다음과 같다(민법 제1112조).
1. 피상속인의 직계비속은 그 법정상속분의 2분의 1
2. 피상속인의 배우자는 그 법정상속분의 2분의 1
3. 피상속인의 직계존속은 그 법정상속분의 3분의 1

Q4. K 씨가 사망한 후에 유언장이 공개됐다. 자신의 재산은 모두 A에게 주라고 되어 있다. 이 경우 예상되는 분쟁은?

유류분 분쟁을 겪을 수 있다. 이는 자신의 몫의 1/2을 찾아올 수 있는 제도에 해당한다.

Q5. K 씨가 사망한 후에 유언장이 공개됐다. 자신의 재산 중 절반은 자녀 C와 D가 주주로 되어 있는 법인에 상속하라고 되어 있다. 나머지는 배우자와 자녀 A와 B가 균등 상속으로 되어 있다. 이 경우 예상되는 분쟁은?

구분	상속 지분비율	법정 상속재산 분배액(30억 원)	유류분	실제 상속 지분비율	상속재산 분배액
배우자	1.5/5.5	8억 2,000만 원*	4억 1,000만 원**	16.6/100	5억 원
자녀 A	1/5.5	5억 4,500만 원	2억 7,250만 원	16.7/100	5억 원
자녀 B	1/5.5	5억 4,500만 원	2억 7,250만 원	16.7/100	5억 원
자녀 C	1/5.5	5억 4,500만 원	2억 7,250만 원	25/100	7억 5,000만 원
자녀 D	1/5.5	5억 4,500만 원	2억 7,250만 원	25/100	7억 5,000만 원
계	100	30억 원	15억 원	100	30억 원

* 30억 원×(1.5/5.5)=8억 2,000만 원
** 8억 2,000만 원×1/2=4억 1,000만 원

위 표를 보면 실제 상속재산 분배받은 금액이 모두 유류분을 초과하고 있다. 따라서 사례의 경우 재산분배 차원에서는 큰 문제점은 없다고 할 수 있다.

▶ 사례의 경우 법인상속을 준비하는 과정에서 이러한 문제를 파악하고 이에 대한 대책을 세웠을 가능성이 크다. 그 결과 상속 분쟁이 발생할 가능성이 크게 줄어들 것으로 예상된다.

이 책은 법인상속·증여 등에 대한 타당성을 찾기 위한 내용을 다룬다. 다만, 이를 원활히 하기 위해서는 각종 세법에 대한 지식이 선행되어야 한다. 다음에서 개인과 법인의 관점에서 알아야 하는 세목에 대해 알아보자.

1. 개인

1) 상속세

상속세는 개인이 사망했을 때 과세되는 세금에 해당한다.

구분	내용	비고
상속재산가액		유산 전체에 대해 과세 (유산과세형)[*]
+사전 증여재산가액	상속개시일로부터 소급해 10년/ 5년 내 증여받은 재산가액	매매가액 제외
−부채 등		
=과세가액		
−상속공제	· 배우자상속공제(5억~30억 원) · 일괄공제(5억 원) · 기타공제	최저 5억 원 이상
=상속세 과세표준		
×세율	10~50%	5단계 누진세율
=산출세액		

[*] 현행의 상속세는 피상속인의 유산가액에 대해 과세하는 형식을 띠고 있다. 이를 상속인이 받은 금액에 대해 과세하자는 논의가 있다. 이렇게 하면 전체 상속세가 줄어들게 된다. 참고로 전자를 유산과세형, 후자를 유산취득과세형으로 부른다.

※ 매매이행 중 상속이 발생한 경우의 세무처리법

구분	상속재산가액에 포함	양도세 납세의무자
잔금 수령 전 상속이 발생한 경우	잔금-계약금·중도금	상속인(상속받아 양도하는 것임)
잔금 수령 후 상속이 발생한 경우	전체 매도가액	피상속인

2) 증여세

증여세는 개인이 증여받은 재산과 이익에 대해 과세되는 세금에 해당한다.

구분	내용	비고
증여재산가액	증여재산이나 이익* 등	
+사전 증여재산가액	동일인으로부터 10년 내 증여받은 재산가액	부부는 동일인에 해당
-부채 등	부담부 증여	
=과세가액		
-증여공제	· 배우자증여공제(6억 원) · 성년자 공제(5,000만 원) · 미성년자 공제(2,000만 원)	10년간 1회 적용
=증여세 과세표준		
×세율	10~50%	5단계 누진세율
=산출세액		

* 현행 상증법상 증여이익의 종류는 상당히 많다. 독자들은 이에 관해 관심을 둘 필요가 있다.

▶ 개인의 상속세를 절감하기 위해 대부분 개인증여를 선택하는 경우가 많다. 하지만 개인증여가 실익이 없는 경우가 많은데 이는 높은 세율과 10년 합산과세가 적용되기 때문이다.

※ 상속세와 증여세의 관계

상속세와 증여세는 서로 보완관계에 있다. 즉 평소에 증여를 여러 차례 하면 증여세 합산과세를 적용하고, 그 후 상속이 발생하면 상속재산가액에 증여재산가액을 합해 과세한다. 다만, 후자의 경우 모든 증여재산을 합산하는 것이 아니라 상속개시일로부터 소급해 10년(상속인 외의 자는 5년) 내의 것만 합산한다.

3) 양도세

개인이 부동산 등을 양도했을 때 발생하는 세금을 말한다.

구분	내용	비고
양도가액		
−취득가액		기타 필요경비 포함
=양도차익		
−장기보유특별공제	6~80%	
=양도소득 금액		
−기본공제	250만 원	
=과세표준		
×세율	6~45% 등 다양	8단계 누진세율
=산출세액		

▶ 개인 양도세는 현재 보유하고 있는 부동산을 양도했을 때 세금이 얼마인지를 알아야 할 때 사용된다. 만일 양도세가 많다고 판단된다면 개인증여나 법인증여 등을 대안으로 검토하게 된다.

2. 법인

1) 법인세
법인세는 법인이 사업연도(보통 1년) 중에 벌어들인 소득에 대해 과세하는 세금을 말한다.

구분	내용	비고
수익	매출, 영업 외 수익 등	자산수증이익 포함
−비용	매출원가, 판매관리비, 영업 비용 등	이자 비용 등 포함
=당기순이익		
±세무조정	회계상 당기순이익을 세법상 소득금액으로 조정하는 과정	세법을 위배한 회계 처리를 세법에 맞게 조정함.
=각 사업 연도소득 금액		
−이월결손금 등		15년간 이월공제(2020년)
=법인세 과세표준		
×세율	9~24%	· 주택양도 시 추가 법인세 발생(20%) · 지방소득세 10% 별도
=산출세액		

▶ 법인세는 핵심적인 세제에 해당한다. 상속세 절세를 위해 법인에 직접 상속하는 예도 있고, 사전에 법인에 증여하는 때도 있기 때문이다. 법인으로의 상속과 증여의 주요 동기는 역시 저렴한 법인세에 있다.

3. 개인과 법인의 공통
개인과 법인에 공통되는 세금에는 취득세와 부가세 등이 있다.

1) 취득세

취득세는 부동산 취득 시 부과되는 세금에 해당한다. 다음에서 취득가액과 세율(표준세율과 중과세율)에 대해 알아보자.

① 표준세율

구분		취득가액	세율			
			취득세율	농특세율	지방교육세율	계
승계취득	주택 외	사실상 취득가액	4%	0.2%	0.4%	4.6%
	주택		1~3%	0~0.2%	0.1~0.3%	1.1~3.5%
원시취득		상동 (단, 사실상 취득가액이 불분명 : 시가표준액)	2.8%	0.2%	0.16%	3.16%
무상취득	상속	시가표준액	2.8%	0.2%	0.16%	3.16%
	증여	· 원칙 : 시가 인정액 · 예외 : 시가표준액	3.5%	0.2%	0.3%	4.0%

② 중과세율

구분		적용대상	세율			
			취득세율	농특세율	지방교육세율	계
승계취득	주택 외	개인·법인	4%	0.2%	0.4%	4.6%
	주택	개인	8~12%	0~1.0%	0.4%	8.4~13.4%
		법인	12%	0~1.0%	0.4%	12.4~13.4%
원시취득	법인	대도시 내 본점 신축	6.8%	0.6%	0.16%	7.56%
		대도시 내 취득	4.4%	0.2%	0.48%	5.08%

무상취득	상속		중과세 없음.	2.8%	0.2%	0.16%	3.16%
	증여	주택 외	중과세 없음.	3.5%	0.2%	0.3%	4.0%
		주택	개인·법인	12%	0~1%	0.4%	12.4~13.4%

▶ 법인이 부동산을 상속이나 증여받으면 취득세를 낸다. 그런데 상속과 증여의 경우 원칙적으로 취득세 중과세를 적용하지 않는다. 다만, 증여의 경우 주택이 조정대상지역* 내에 소재하고 시가표준액이 3억 원이 넘어가면 12%의 중과세율이 적용된다.

* 2024년 8월 현재 서울 강남·서초·송파·용산구 4곳만 이 지역으로 지정되어 있다.

2) 부가세

취득 시 부가세 발생 여부는 다음과 같다.

구분	주택	상가건물
승계취득	발생하지 않는 것이 원칙	발생하는 것이 원칙
원시취득		
상속취득		발생하지 않음.
증여취득		발생하는 것이 원칙*

* 상가건물의 지분을 100% 증여하면 포괄승계가 되므로 부가세 없이 처리할 수 있으며, 지분 일부 증여 시에는 자본의 환급으로 보기 때문에 부가세 문제가 발생하지 않는다.

3) 종부세

종부세는 보유세의 일종으로 매년 6월 1일을 과세기준으로 하고 있다.

구분	개인	법인
주택	3주택 이상자로서 과세표준액이 12억 원 초과 시	무조건 과세(2.7~5.0%)
상가건물	토지의 공시지가가 80억 원 초과 시	
나대지	토지의 공시지가가 5억 원 초과 시	

Tip　　법인에 주택을 상속하거나 증여 시 검토할 사항

· 조정대상지역 내에서 주택을 증여받으면 취득세 중과세가 나올 수 있다.
· 법인이 주택을 보유하면 종부세가 2.7% 이상 나온다.
· 법인이 주택을 처분 시 추가 법인세가 적용된다.

▶ 주택은 법인에 대한 상속이나 증여의 대상으로 잘 맞지 않는다. 종부세가 과세되는 한편, 법인세가 추가 과세되기 때문이다.

제2장

개인과 법인의
재산 이전방법 비교

가족 간
재산 이전의 방법

　법인상속이나 증여 등에 대한 세무상 쟁점 등을 알아보기 위해서는 민법상 재산 이전방법을 먼저 이해할 필요가 있다. 혹자에 따라서는 상속이나 증여는 개인만 받을 수 있고 영리법인이 받을 수 없다고 생각하는 때도 많기 때문이다. 다음에서 가족 간 재산 이전의 방법 등에 대해 알아보자.

1. 가족 간 재산 이전의 방법
　가족 간의 재산 이전방법을 무상거래와 유상거래로 구분해서 살펴보자.

1) 무상거래
　무상거래는 무상으로 재산이 이전되는 것을 말한다. 이에는 다음과 같은 것들이 있다.

- 상속→사후에 무상으로 취득한 것(대상 : 개인)
- 증여→생전에 무상으로 취득한 것(대상 : 개인과 법인)

- 사인증여→사후에 효력이 발생하는 증여(대상 : 개인과 법인)
- 유증→유언에 의한 증여(대상 : 개인과 법인)

2) 유상거래

이는 가족 간에 유상으로 자산을 주고받은 것을 말한다. 이에는 매매나 교환, 현물출자 등이 포함된다. 참고로 민법에서는 가족 간의 거래에 대해 금지하는 규정이 없다.

> **민법 제563조(매매의 의의)**
> 매매는 당사자 일방이 재산권을 상대방에게 이전할 것을 약정하고 상대방이 그 대금을 지급할 것을 약정함으로써 그 효력이 생긴다.*

* 가족 간의 거래도 포함한다.

2. 무상거래의 유형

앞의 무상거래 유형을 좀 더 세부적으로 살펴보자.

1) 상속

상속은 민법 제997조에서 자연인의 사망으로 개시된다고 하고 있다.

> **민법 제997조(상속개시의 원인)**
> 상속은 사망으로 인하여 개시된다.

한편 위 상속에 대해 민법 제1000조에서 상속인의 순위를 다음과 같이 정하고 있다.

민법 제1000조(상속의 순위)

① 상속에서는 다음 순위로 상속인이 된다.

1. 피상속인의 직계비속

2. 피상속인의 직계존속

3. 피상속인의 형제자매

4. 피상속인의 4촌 이내의 방계혈족

② 전항의 경우에 동 순위의 상속인이 수인인 때는 최근친을 선순위로 하고 동친 등의 상속인이 수인인 때는 공동상속인이 된다.

③ 태아는 상속순위에 관하여는 이미 출생한 것으로 본다.

▶ 민법상 상속인은 사람을 대상으로 하고 있으며 위 순위에 따라 상속 결정을 한다. 만일 상속인 순위에서 밀려 상속인에 포함되지 못한 자는 세법은 "상속인 외의 자"로 본다.

2) 증여

민법에서는 다음과 같이 증여에 대해 개념 정의를 하고 있다.

민법 제554조(증여의 의의)

증여는 당사자 일방이 무상으로 재산을 상대방에 수여하는 의사를 표시하고 상대방이 이를 승낙함으로써 그 효력이 생긴다.

▶ 증여는 증여자의 증여표시와 수증자의 승낙표시가 있어야 효력이 발생한다. 참고로 민법에서는 증여자와 수증자의 범위를 제한하지 않고 있다. 따라서 증여자와 수증자에는 영리법인 등도 포함한다.

3) 사인증여

사인증여는 증여자의 사망으로 인해 효력이 생기는 증여계약을 말한다. 이 계약은 증여자가 생전에 수증자와 증여계약을 맺으나 사망 시에 효력이 발생한다.

> **민법 제562조(사인증여)**
> 증여자의 사망으로 인하여 효력이 생길 증여에는 유증에 관한 규정을 준용한다.

▶ 사인증여의 효력이 "사망 시"에 발생하므로 세법은 이를 "상속"으로 보게 된다.

4) 유증

'유증'이란 유언으로 아무런 대가를 받지 않고 자기의 재산상 이익을 타인에게 주는 것을 말한다. 따라서 유언장을 작성할 때 '사후에 아들에게 부동산 A를 준다' 또는 '사후에 부인에게 은행에 입금된 1,000만 원의 채권을 준다' 등의 표현으로 타인에게 재산상 이익을 주기로 한 경우 이는 유증에 해당한다.

> **민법 제1078조(포괄적 수증자의 권리 의무)**
> 포괄적 유증을 받은 자는 상속인과 동일한 권리 의무가 있다.

유증자는 유증의 일부 또는 전부를 유언 또는 생전행위로써 언제든지 임의로 철회할 수 있다(민법 제1108조).

3. 유상과 무상의 동시 거래

증여를 받을 때 증여자의 채무를 동시에 인수하는 부담부 증여는 유상과 무상거래가 동시에 발생하는 거래유형에 해당한다.

- 인수한 채무→유상거래에 해당함.
- 증여재산가액에서 인수채무를 제외한 금액→무상거래에 해당함.

▶ 이러한 거래의 구분에 따라 관련 세제들이 복잡하게 발생한다. 예를 들어 채무에 대해서는 양도세와 유상취득세가, 그 외에 대해서는 증여세와 무상취득세가 발생한다.

Tip	상속과 증여현황(통계)

1. 상속

구분	2022	2023
피상속인수 (명)	348,159	292,545
과세인원(피상속인 수) (명)	15,760	19,944
과세(총 상속재산가액 등) (백만 원)	67,793,078	58,073,200
과세미달인원(피상속인 수) (명)	332,399	272,601
과세미달(총 상속재산가액 등) (백만 원)	28,257,506	27,667,415

2. 증여

구분	2022	2023
증여세 과세 건수	252,412	208,508
증여세 과세 증여재산가액 등	67,657,620	57,359,995
증여세 과세미달 건수	459,463	321,496
증여세 과세미달 증여재산가액 등	24,713,144	20,607,418

개인과 법인의
재산 이전방법 비교

앞에서 본 유상거래와 무상거래의 종류만도 상당히 많다. 그런데 이러한 항목들은 각각의 독립적인 제도로서 세금 등에 다양한 형태로 영향을 미치게 된다. 이러한 이유로 납세자들은 네 가지 방법 중 본인에게 맞는 재산 이전방법이 무엇인지를 끊임없이 찾는다. 그런데 문제는 네 가지 방법이 법인을 통해 실행될 수 있으므로 더더욱 대안 찾기가 힘들다는 것이다. 그래서 독자들은 개인과 법인의 재산 이전방법에 대한 차이점 등 세부적인 내용을 비교할 수 있어야 이러한 문제를 해결할 수 있지 않을까 한다.

1. 개인과 법인의 재산 이전방법

이를 표로 요약하면 다음과 같다.

구분		개인→개인	개인→법인
무상	상속	가능	가능(사인증여, 유증에 한함)
	증여	가능	가능
매매		가능	가능
부담부 증여		가능	가능

2. 개인과 법인의 재산 이전방법에 따른 세제의 적용

개인과 법인의 재산 이전방법에 따라 세제가 어떤 식으로 변동하는지, 그리고 세무상 쟁점 등은 무엇인지를 표로 정리하면 다음과 같다.

구분		개인→개인		개인→법인	
		양도자/증여자 등	취득자	양도자/증여자 등	취득자
무상	상속	-	· 상속세 · 취득세	-	· 법인세 · 취득세 · 주주상속세
	증여	-	· 증여세 · 취득세	-	· 법인세 · 취득세
		-	· 이월과세* · 10년(5년) 상속세 합산과세	-	· 주주증여세 · 5년 상속세 합산과세**
매매		양도세	취득세	양도세	취득세
		저가 등 규제	좌동+자금출처조사	저가 등 규제	좌동
부담부 증여		양도세	· 증여세 · 취득세(유·무상)	양도세	· 법인세 · 취득세(유·무상)
		저가 등 규제	좌동	저가 등 규제	좌동

* 법인에 대해서는 취득가액 이월과세를 적용하지 않는다.
** 법인증여분은 5년 상속세 합산과세가 적용된다. 참고로 매매는 이러한 합산과세가 적용되지 않는다.

3. 적용 사례

사례를 통해 앞의 내용을 확인해보자. 다음 자료를 보고 물음에 답해보자.

Q1. 상속세 예상세액은?

총 상속재산가액은 40억 원이고 상속공제액은 10억 원이므로 과세표준은 30억 원이 된다. 따라서 40%와 누진공제액 1억 6,000만 원을 적용하면 10억 4,000만 원이 된다.

Q2. 사례의 상속세 대책에는 어떤 것들이 있을까?

재산 이전방법을 가지고 다음과 같은 순서대로 검토하면서 사안에 맞게 대책을 세우는 것이 좋을 것으로 보인다.

구분		개인	법인	비고
무상	상속	1	5	1번부터 순서대로 검토한 후 최적 안을 도출
	증여	2	6	
매매		3	7	
부담부 증여		4	8	

예를 들어 상속재산이 10억 원 이하로 예상되는 경우에는 상속세가 안 나오므로 이 경우에는 1번에서 검토를 멈추는 식이다. 그런데 만일 상속재산이 많은 경우에는 2~8번까지 항목별로 어떤 안이 좋을지, 어떤 안들을 조합할 것인지를 검토하는 식으로 일 처리를 하면 좋다.

Q3. K 씨는 우선 현금자산 10억 원을 줄이고자 한다. 이때 10억 원을 모두를 개인(자녀 1명당 5억 원) 또는 법인(자녀 2명 주주)에 증여하면 관련 세금은?

구분	개인	법인
증여세/법인세	1억 6,000만 원*	1억 8,700만 원**
주주증여세	-	-***
상속세 합산과세	10년	5년

* (5억 원-5,000만 원)×20%-1,000만 원=8,000만 원(2인 1억 1,600만 원)
** 10억 원×19%-2,000만 원(누진공제)=1억 7,000만 원(지방소득세 포함 시 1억 8,700만 원)
*** 주주에 대해 증여세가 부과되기 위해서는 개인의 증여세보다 법인세가 더 적게 나와야 한다. 주주에 대한 증여세는 저렴한 법인세를 내기 위해 법인에 증여하는 것을 방지하는 제도이나, 법인세와 주주에 대한 증여세가 개인이 증여받을 때의 증여세를 초과하지 못하도록 하고 있기 때문이다.

Q4. Q3에서 검토한 결과 법인에 10억 원을 증여했다고 하자. 이후 K 씨는 8년 후 사망했다고 하자. 이 경우 당초 예상된 상속세 대비 얼마의 절세효과가 발생했는가?

• 실제 상속 시 발생한 상속세

총 상속재산가액은 30억 원이고 상속공제액은 10억 원이므로 과세표준은 20억 원이 된다. 따라서 40%와 누진공제액 1억 6,000만 원을 적용하면 6억 4,000만 원이 된다. 따라서 당초 상속세 예상액이 10억 4,000만 원이었으므로 당초 대비 4억 원이 줄어들었다.

• 당초 상속세 대비 절세 효과

사전에 법인증여에 따른 법인세가 1억 8,700만 원 늘어나 최종 절세효과는 대략 2억 1,300만 원(4억 원-1억 8,700만 원) 정도가 되는 것으로 나타났다.

Q5. K 씨는 보유한 주택을 자녀에게 1세대 1주택으로 양도하는 안을 검토하고 있다. 이를 선택하는 경우 장단점은?

장점	단점
· 양도세 비과세 효과를 누릴 수 있다. · 상속세 합산과세를 적용받지 않는다. · 유류분 적용대상에서 제외된다.	· 매수자는 취득자금을 준비해야 한다. · 양도대금은 향후 상속재산가액에 포함된다.*

* 따라서 상속세 절세측면에서는 효과가 없을 수 있다.

▶ 이러한 모형을 선택할 때는 단점을 최소화하는 한편, 장점을 극대화하는 식으로 일 처리를 해야 한다.

Q6. 생전에는 증여 등을 하지 않고 유증을 통해 영리법인에 K 씨 재산의 절반을 상속하면 앞의 결과들은 어떻게 달라질까?

첫째, 상속세가 얼마나 되는지 알아보자.

10억 4,000만 원에 개인 재산비율(20억 원/40억 원)을 곱하면 5억 2,000만 원이 된다. 이 금액이 개인이 부담해야 하는 상속세에 해당한다.

둘째, 유증을 통한 법인세가 얼마나 되는지 알아보자. 참고로 주주에 대한 상속세 납부의무는 없다고 하자.

법인이 유증받은 재산은 20억 원이 되므로 이에 19%를 곱한 후 2,000만 원을 공제하면 3억 6,000만 원이 나온다(지방소득세 포함 시 3억 9,600만 원).

셋째, 결과를 정리해보자.

당초 예상된 상속세는 10억 4,000만 원이었으나 일부 재산의 법인유증으로 인해 상속세는 5억 2,000만 원으로 줄어들었다. 하지만 법인세는 3억 9,600만 원이 증가했다. 그 결과 1억 2,400만 원이 감소한 결과가 나타났다.

Q7. 이 사례를 통해 얻을 수 있는 교훈은?

개인의 자산을 가족에게 이전하는 방법은 개인이나 법인 등을 통해 다양한 방법으로 이전할 수 있다. 다만, 각각의 방법은 세 부담을 일으키는 한편, 세무위험을 초래할 수 있으므로 본인에 맞는 최적의 방법을 선택하는 것이 중요함을 알 수 있다.

▶ 실무자의 관점에서 보았을 때는 앞의 여덟 가지의 조합 중 세금의 크기를 검토하고, 세무위험과 기타 재산분배의 관점에서 가장 좋은 안을 선택하는 것이 중요해 보인다. 모두에게 꼭 맞는 방법이 있을 수 없기 때문이다.

개인과 법인의
상속 비교

앞에서 본 민법상 상속 등의 제도를 근간으로 현행 상증법의 체계가 세워진 관계로 법인이 상속 등을 받을 수 있는지를 정확히 구별할 필요가 있다. 민법상 상속은 자연인만을 대상으로 하고 있기 때문이다. 다음에서 개인과 법인이 상속받을 방법 등에 대해 알아보자.

1. 개인이 상속을 받을 방법

개인이 상속을 받을 방법은 다음과 같이 세 가지 방법이 있다.

- 상속
- 사인증여
- 유증

이 외에도 민법 제1057조의 2에서 규정하고 있는 특별연고자에 대한 분여*를 통해 상속을 받을 수도 있지만 이러한 방법은 통상적인 방법이 아니다.

* 상속권을 주장하는 자가 없는 때는 가정법원은 피상속인과 생계를 같이 하고 있던 자, 피상속인의 요

양 간호를 한 자 기타 피상속인과 특별한 연고가 있던 자의 청구에 의해 상속재산의 전부 또는 일부를 분여할 수 있다.

2. 법인이 상속을 받을 방법

법인이 상속을 받을 방법은 다음과 같은 두 가지 방법이 있다.

• 사인증여
• 유증

3. 적용 사례

사례를 통해 앞의 내용을 확인해보자. 다음 물음에 답해보자.

| 자료 |
• A 씨의 재산가액 : 100억 원
• 상속공제액 : 10억 원

Q1. A 씨가 사망했다. 이 경우 상속세는 얼마나 예상되는가?

과세표준이 90억 원이고 적용되는 세율이 50%(누진공제 4억 6,000만 원)가 적용되므로 상속세 예상액은 40억 4,000만 원이 된다.

Q2. 해당 금액 중 80억 원을 영리법인이 상속할 수 있다면 상속세와 법인세 예상액은(단, 유증은 없었음)? 이때 법인은 누적결손금이 10억 원이다.

• 상속세는 40억 4,000만 원의 20%(20억 원/100억 원)를 곱한 8억 800만 원이 된다.
• 법인세는 70억 원(80억 원-결손금 10억 원)에 19%(누진공제 2,000만 원)를 적용하면 13억 1,000만 원(지방소득세 포함 시 14억 4,100만 원)이 나온다.

• 상속세와 법인세의 합계액은 22억 4,900만 원이 된다.

Q3. Q2 결과를 보면 법인에 대한 상속이 유리해 보인다. 하지만 사례는 법인에 대한 상속이 불가능하다. 왜 그럴까?

민법상 "상속"은 사람만 받을 수 있기 때문이다. 따라서 법인이 상속을 받기 위해서는 피상속인이 사망 전에 유언장 등으로 법인상속에 관한 내용을 정해둬야 한다.

Q4. 사례에서 미리 유증을 통해 80억 원을 법인에 상속하기로 했다고 하자. 이 경우 법인세 외에 주주에게 상속세가 나오는가? 단, 주주는 상속인으로 구성되어 있다.

해당 법인의 주주가 상속인이거나 주주의 직계비속에 해당하면 주주에게 상속세가 부과된다. 이 경우 다음과 같은 금액이 추가될 수 있다.

[40억 4,000만 원×(80억 원/100억 원)-80억 원×10%[*]]×상속인 등 지분율 100%=(32억 3,200만 원-8억 원)×100%=24억 3,200만 원

[*] 유증 재산에 대한 법인세 상당액을 계산하기 위한 법인세율을 말한다.

▶ 이렇게 법인의 주주에 상속인이나 그 비속이 포함되면 주주에 대한 상속세가 발생하므로 법인상속으로 하는 것이 더 불리할 수 있다.

▶ 이에 대한 자세한 내용은 뒤에서 살펴볼 것이다.

사인증여와
유증 제도

앞에서 보면 법인에 대한 상속을 위해서는 사전에 유증(사인증여 포함)을 통해 법인에 대한 상속지분을 정해둬야 한다. 이러한 절차가 없다면 법인상속을 할 수 없다. 그렇다면 유증은 구체적으로 어떤 모습을 하고 있을까? 다음에서는 상증법상 상속세 납세의무를 통해 유증 제도의 의미 등에 대해 알아보자.

1. 상증법상 상속세 납세의무

상증법 제3조의 2에서는 상속세 납부의무에 대해 다음과 같이 정하고 있다.

상증법 제3조의 2(상속세 납부의무)
① 상속인(특별연고자 중 영리법인은 제외한다) 또는 수유자(영리법인은 제외한다)*는 상속 재산(제13조에 따라 상속재산에 가산하는 증여재산 중 상속인이나 수유자가 받은 증여재산을 포함한다) 중 각자가 받았거나 받을 재산을 기준으로 대통령령으로 정하는 비율에 따라 계산한 금액을 상속세로 납부할 의무가 있다.

---

② 특별연고자 또는 수유자*가 영리법인인 경우로서 그 영리법인의 주주 또는 출자자 중 상속인과 그 직계비속**이 있는 경우에는 대통령령으로 정하는 바에 따라 계산한 지분 상당액을 그 상속인 및 직계비속이 납부할 의무가 있다(2015.12.15 개정).

* 상증법 제2조에서 "수유자"(受遺者)란 다음 각 목에 해당하는 자를 말한다.
  가. 유증을 받은 자
  나. 사인증여에 의하여 재산을 취득한 자
  다. 유언대용신탁 및 수익자 연속신탁에 의하여 신탁의 수익권을 취득한 자
** 상속받은 영리법인의 주주에 상속인과 그 직계비속이 있는 경우에는 그 상속인과 직계비속이 상속세를 납부할 의무가 있다.

2. 유증

1) 유증의 종류

민법상 유증은 일방의 유언으로 재산을 이전하는 것을 말한다. 이는 크게 포괄유증과 특정유증으로 구분한다.

① 포괄유증(包括遺贈)

"포괄유증"이란 유증의 목적 범위를 유증자가 자기의 재산 전체에 대한 비율로써 표시하는 유증을 말한다. 예를 들어 '유산 전부를 ○○○에게 준다' 또는 '유산의 반을 ○○○에게 유증한다'라고 하는 것이 포괄유증에 해당한다. 포괄유증을 받은 포괄적 수증자는 상속인과 동일한 권리 의무가 있다(민법 제1078조).

② 특정유증(特定遺贈)

"특정유증"이란 유증의 목적이 특정된 경우를 말한다. 예를 들어 'A 부동산'을 ○○○에게 준다거나, 'B 은행 채권'을 ○○○에게 준다는 등의 내용이 특정유증에 해당한다.

2) 유증의무자

유언자가 사망한 경우에 유증을 실행할 의무가 있는 사람을 유증의무자라고 한다. 상속인이 유증의무자가 되며, 포괄적 수증자, 상속인 없는 재산의 관리인도 유증의무자가 된다. 또한, 유언집행자가 있는 경우에는 유언집행자가 위의 사람들을 갈음해서 유증의무자가 된다.

3. 적용 사례

사례를 통해 앞에서 본 내용을 확인해보자. 다음 자료를 보고 물음에 답해보자.

❙자료❙

K 씨는 다음과 같은 재산을 보유하고 있음.
- 상가건물
- 주택
- 현금 등

Q1. 법인에 상속하기 위한 필수 절차는?

법인은 민법상 상속을 받을 수 없으므로 사인증여나 유증 등을 통해 상속을 받아야 한다.

Q2. 유증은 포괄유증이 되어야 하는가? 특정유증이 되어야 하는가?

세법에서는 이에 대해 정하는 바가 없다.

민법상 유증의 효력이 인정되면 족하므로 그 시기는 문제가 없을 것으로 판단된다.

Q3. 사례에서 주택은 개인이 상속받고 나머지 재산은 7 대 3으로 법인과 개인에게 분배해도 되는가?

그렇게 판단된다. 자세한 것은 법률전문가와 함께하기 바란다.

개인과 법인의
증여 비교

　증여는 생전에 재산을 무상으로 이전하는 쌍무계약을 말한다. 그런데 현행 민법은 증여를 받은 자(수증자)를 개인과 법인(영리법인, 비영리법인)에 대해 제한을 두지 않고 있다. 이렇게 법인에 대해서도 증여를 제한하지 않음에 따라 과세방식에서 차이가 크게 나고 있다. 다음에서 이에 대해 알아보자.

1. 민법상 개인과 법인의 상속·증여 요약 비교

　민법의 내용을 기초로 개인과 법인이 상속 또는 증여를 받을 수 있는지를 요약하면 다음과 같다.

구분	개인	영리법인
상속	○	×
증여	○	○
사인증여	○	○
유증	○	○

2. 상증법상 증여세 납부의무

상증법 제4조의 2에서는 다음과 같이 증여세 납부의무를 두고 있다.

1) 증여세 납부의무(원칙)

수증자*	과세대상
거주자, 국내 비영리법인	증여받은 국내·외 모든 재산
비거주자, 국외 비영리법인	증여받은 재산 중 국내 소재 모든 재산

* "수증자"(受贈者)란 증여재산을 받은 거주자(본점이나 주된 사무소의 소재지가 국내에 있는 비영리법인을 포함한다) 또는 비거주자(본점이나 주된 사무소의 소재지가 외국에 있는 비영리법인을 포함한다)를 말한다.

2) 수증자(개인, 비영리법인)에게 소득세 또는 법인세 과세 시 증여세 제외(예외)

상증법 제4조의 2 제3항에서는 수증자에게 소득세나 법인세가 부과되면 증여세를 부과하지 않는다. 이중과세 방지의 차원에서다.

> **상증법 제4조의 2(증여세 납부의무)**
> ③ 제1항의 증여재산에 대하여 수증자에게 '소득세법'에 따른 소득세 또는 '법인세법'에 따른 법인세가 부과되는 경우에는 증여세를 부과하지 아니한다.

3) 영리법인에 법인세 과세 시 증여세 과세 여부

영리법인에 법인세가 과세되면 원칙적으로 개인(주주)에게 증여세를 부과하지 않는다. 다만, 법인세가 과세되는 경우라도 상증법 제45조의 3~제45조의 5까지 규정에 대해서는 주주에게 증여세를 부과한다(상증법 제4조의 2 제4항).

상증법 제4조의 2(증여세 납부의무)

④ 영리법인이 증여받은 재산 또는 이익에 대하여 '법인세법'에 따른 법인세가 부과되는 경우 해당 법인의 주주 등에 대해서는 제45조의 3부터 제45조의 5까지의 규정에 따른 경우를 제외하고는 증여세를 부과하지 아니한다.

표 안의 제45조의 3부터 제45조의 5까지는 다음을 말한다.

- 상증법 제45조의 3 : 특수관계법인과의 거래를 통한 이익의 증여 의제*
- 상증법 제45조의 4 : 특수관계법인으로부터 제공받은 사업기회로 발생한 이익의 증여 의제**
- 상증법 제45조의 5 : 특정 법인과의 거래를 통한 이익의 증여 의제***

* 법인에 일감을 몰아주는 방식으로 법인의 주주에게 증여하는 경우
** 유리한 임대차계약, 입점 계약, 대리점 계약 및 프랜차이즈 계약 등 약정을 통해 법인의 주주에게 이익을 증여하는 경우
*** 법인에 증여 등을 하여 법인의 주주에게 이익을 증여하는 경우

※ 국내 거주자, 비영리법인, 영리법인에 대한 증여세 납부의무

개인	원칙	예외
거주자	○	×(소득세 과세 시)
비영리 내국법인	○	×(법인세 과세 시)
영리 내국법인	×(법인세 과세 시)	○(상증법 제45조의 3~제45조의 5*에 해당 시 주주에 증여세 과세)

* 일감 몰아주기, 사업기회제공, 특정 법인증여 등에 관한 규정을 말함.

3. 적용 사례

사례를 통해 앞의 내용을 확인해보자. 다음 자료를 보고 물음에 답해보자.

Q1. A 씨가 재산 중 일부를 개인에게 증여하면 개인은 어떤 세금을 부담하는가? 단, 취득세 등은 제외한다(이하 동일).

증여세를 부담한다.

Q2. A 씨가 재산 중 일부를 개인 사업자에게 증여하면 개인 사업자는 어떤 세금을 부담하는가?

이 경우에도 개인에 해당하므로 증여세를 부담한다.

Q3. A 씨가 재산 중 일부를 비영리법인에 증여하면 이 법인은 어떤 세금을 부담하는가?

비영리법인도 증여세를 부담한다. 다만, 비영리법인 중 공익법인에 해당하는 경우에는 증여세가 면제된다.

Q4. A 씨가 재산 중 일부를 영리법인에 증여하면 영리법인은 어떤 세금을 부담하는가?

영리법인은 법인세를 부담한다.

Q5. A 씨가 재산 중 일부를 영리법인에 증여하면 영리법인의 주주는 어떤 세금을 부담하는가?

영리법인의 주주는 주식 가치가 상승하게 되므로 증여재산가액에서 법인세로 낸 금액을 차감한 금액에 대해 주주가 보유한 지분율을 곱한 금액을 증여받은 것으로 본다. 따라서 이들에게는 증여세가 부과될 수 있다.

▶ 이때 각 주주가 받은 증여이익은 해당 증여일로부터 소급해서 1년간의 동일한 거래로 인한 이익을 합계한 금액으로 하며, 이 금액이 1억 원 이상이 되어야 과세된다(1억 원이 안 된 경우에는 소멸한다).

※ 개인과 법인의 증여에 대한 과세방식

구분	개인	법인	
		법인	주주
과세표준	증여재산가액-증여공제	증여재산가액	증여재산가액*-증여공제
세율	10~50%	9~24%	10~50%
동일인 10년 증여세 합산과세	적용함.	적용하지 않음.	적용함.
사전 증여 상속세 합산과세	10년(또는 5년)	5년	10년
사전 증여 상속세 합산 과세 시 증여세액공제	적용	좌동	좌동

* 1년간의 증여이익이 1억 원 이상이 되어야 주주에게 증여세가 과세된다.

개인과 법인의
매매 비교

가족 간의 거래방법 중 매매에 대해 정리해보자. 가족 간의 매매는 크게 개인 간, 개인과 법인 간에 발생할 수 있다. 가족들은 세법상 특수관계에 해당하기 때문에 다양한 방법으로 규제한다. 이때 규제원리는 부당한 방법을 통해 조세를 낮추면 양도세와 취득세 등을 시가에 맞춰 과세하고, 거래 과정에서 부의 이전이 일어나면 증여세를 과세한다. 다음에서 이에 대해 알아보자.

1. 개인과 법인의 매매 시 세무상 쟁점

1) 개인

구분	매도자(개인)	매수자(개인)
시가 거래	–	–
저가 거래	양도세 시가 과세	· 취득세 시가 과세 · 증여이익 증여세 과세
고가 거래	증여이익 증여세 과세	

개인과 개인이 시가 거래를 할 때는 세무상 쟁점이 있을 수 없다. 다만, 시가 대비 저가나 고가로 거래하는 경우에는 매도자와 매수자에게 세법상 규제를 한다. 저가 거래의 경우 매도자에게는 시가로 양도세를 과세하며, 매수자에게는 시가로 취득세를 과세하는 한편, 증여세를 부과한다.

2) 법인

구분	매도자(개인)	매수자(법인)
시가 거래	-	-
저가 거래	양도세 시가 과세	· 취득세 시가 과세 · 주주 증여이익 증여세 과세
고가 거래	주주 증여이익 증여세 과세	

개인과 법인이 거래할 때 시가* 거래를 할 때는 개인처럼 세무상 쟁점이 있을 수 없다. 다만, 시가 대비 저가나 고가로 거래하는 경우에는 매도자와 매수자에게 세법상 규제를 한다. 저가 거래의 경우 양도세와 취득세를 시가로 과세한다. 한편 매수자인 법인에 대해서는 직접적인 규제가 없으나, 저가 거래를 통해 법인의 주주가 이익을 본 경우 이에 대해 증여세를 부과할 수 있다(특정 법인의 이익에 대한 주주의 증여).

* 시가는 시장가격을 말하나, 세법은 일정 기간 내의 매매사례가액, 감정평가액 등을 시가로 인정하고 있다. 이러한 시가가 없다면 기준시가를 사용할 수밖에 없다. 시가의 적정성은 상속이나 증여 등에서 매우 중요하므로 이에 대해서는 저자의 《상속·증여 세무 가이드북》, 《가족 간 부동산 거래 세무 가이드북》 등을 참조하기 바란다.

※ 저가 거래 시 증여세 과세요건

개인 증여세	법인 주주증여세
시가와 대가와의 차액이 시가의 100분의 30* 이상이거나 그 차액이 3억 원 이상인 경우	좌동+해당 금액이 주주당 1억 원 이상인 경우

* 양도세와 취득세는 100분의 5를 기준으로 한다.

2. 적용 사례

사례를 통해 앞의 내용을 확인해보자. 다음 자료를 보고 물음에 답해 보자.

| 자료 |

• 80세인 K 씨가 보유한 총 재산가액 : 50억 원
• A 주택 시세는 10억 원이며 20년 전에 2억 원에 취득함. 이를 양도하면 양도세는 2억 원이 예상됨.
• 상속공제액은 10억 원임.

Q1. 예상되는 상속세는?

50억 원에서 10억 원을 공제하면 40억 원이 과세표준이 된다. 이에 50%의 세율과 4억 6,000만 원의 누진공제액을 차감하면 상속세는 15억 4,000만 원이 예상된다.

Q2. K 씨는 상속세 대비 관점에서 A 주택(10억 원)을 미리 개인과 법인에 증여, 매매하는 방법을 고려하고 있다. 이때 줄어든 상속세와 느는 세금, 기타 세무상 쟁점은 무엇일까? 증여세의 경우 2명을 기준으로, 법인이 주택을 취득한 경우에는 중과세율이 적용된다고 하자.

① 줄어드는 상속세

15억 4,000만 원에 유증비율(10억 원/50억 원)을 곱하면 3억 800만 원이 줄어든다.

② 늘어나는 세금

수증자/ 매수자	거래 유형	늘어나는 세금		
		증여자/매도자	수증자/매수자	계
개인	증여	–	· 증여세 1억 6,000만 원(2명)* · 취득세 4,000만 원	2억 원
	매매	양도세 2억 원 (자료)	취득세 3,500만 원	2억 3,500만 원
법인	증여	–	· 법인세 1억 8,700만 원 · 주주증여세 0원**	1억 8,700만 원
	매매	양도세 2억 원 (자료)	취득세 1억 3,400만 원	3억 3,400만 원

* (5억 원-5,000만 원)×20%-1,000만 원=8,000만 원(2명 1억 6,000만 원)
** 개인이 내야 할 증여세 1억 6,000만 원보다 법인세 1억 7,000만 원(지방세 포함 시 1억 8,700만 원)
이 더 크므로 이 경우 주주에 대한 증여세는 발생하지 않는다.

Q3. 사례의 결과를 총평한다면?

상속세 절감을 위해 개인의 재산을 분산하는 방법은 다양하다. 이때 개인과 법인의 거래 주체별로 증여나 매매 등의 방법을 조합하면 그에 따른 세금효과를 계산할 수 있다. 이때 매매를 하면 양도세와 취득세 등이 발생하며, 증여하면 증여세와 법인세 등이 발생한다. 사례의 경우는 이 같은 흐름 속에 세금을 계산한 결과 법인에 증여한 경우에 늘어나는 세금이 가장 적었다. 이는 저렴한 법인세율에 기인한 것인 한편, 주주에 대한 증여세가 나오지 않았기 때문이다.

1. 장점

- 상속세나 증여세 합산과세가 적용되지 않는다.
- 유류분 청구대상에서 제외된다.

2. 단점

- 특수관계인 간 거래 시 거래가액을 정하는 것이 힘들다.
- 매도자에게 양도세가 많이 나올 수 있다.
- 매수자는 자금출처를 입증해야 한다.
- 매수자는 취득세가 많이 나올 수 있다.

상속재산에 대한 분쟁을 예방하기 위해서 그리고 세금을 절약하기 위해서는 미리 상속재산의 분배방법을 이해할 필요가 있다. 다음에서는 민법상 상속재산의 분배방법에 대해 알아보자.

상속재산은 원칙적으로 다음과 같은 순서에 따라 분배된다.

유증 또는 사인증여→상속재산의 협의분할→법원(법정 상속지분)

1. 유증 또는 사인증여

유증(遺贈)은 유언을 통해 배우자나 자녀 등에게 재산을 물려주는 것을 말한다. 한편 사인증여(死因贈與)는 증여자의 생전에 계약이 체결됐으나 그 효력이 증여자의 사망으로 발생하는 증여를 말한다. 사인증여는 상속인의 재산이 감소하기 때문에 유증과 유사하다. 그러나 유증은 단독행위로 이루어지는 데 반해 사인증여는 계약 때문에 이루어진다는 점이 차이가 난다. 하지만 세금문제를 따질 때는 둘의 차이는 없다. 둘다 상속세로 과세하기 때문이다.

2. 협의분할

상속재산은 상속인들의 공유재산이므로 유증 등이 없는 한 상속인들끼리 자유의사대로 협의해서 재산을 분배할 수 있다. 협의분할은 언제든지 지분율을 정해도 되지만 등기를 하거나 상속세 신고를 위해서는 상속개시일로부터 6개월 이내에 하는 것이 일반적이다.

협의분할할 경우에는 공동상속인 전원의 의사가 일치되어야 하고 한사람이라도 의사가 합치되지 않으면 재산분할이 되지 않는다. 만약에 협의분할이 되지 않을 때는 각 상속인은 가정법원에 우선 조정을 신청해야 하고 조정이 성립되지 않으면 당사자는 심판을 청구할 수 있다. 이러한 처리는 법무전문가에게 도움을 받는 것도 좋다.

3. 법정 상속지분에 의한 배분(법원)

위와 같이 유증 등이 없고 협의분할에 의해 재산이 분배되지 않으면 법률에 따라 상속재산을 분배할 수밖에 없다. 민법에서는 법정 상속지분은 공동상속인 간에는 원칙적으로 균등하게 정하고 있으나 피상속인 배우자의 상속지분은 5할을 가산한다. 따라서 자녀가 3명이 있고 피상속인의 배우자가 있다면 지분은 다음과 같다.

- 자녀1 : 1/4.5
- 자녀2 : 1/4.5
- 자녀3 : 1/4.5
- 피상속인의 배우자 : 1.5/4.5

만일 상속재산이 10억 원이라면 자녀1의 법정상속분은 다음과 같다.

- 10억 원×1/4.5=222,222,222원

한편 상속인들은 상속개시가 있음을 안 날로부터 3개월 내에 가정법원에 상속 포기를 할 수 있다. 만일 단독상속인 또는 공동상속인 전원이 포기한 경우에는 포기한 자의 직계비속이 피상속인의 권리와 의무를 승계한다. 또한 공동상속의 경우 어느 상속인이 상속을 포기할 때는 그 상속분은 다른 상속인의 상속분의 비율로 상속인에게 귀속된다. 예를 들어 상속인으로 자녀 3명만 있는 경우 그중 한 사람이 상속을 포기하면 포기한 자의 상속지분은 다른 상속인의 비율대로 나눠진다는 것이다.

유증 등을 통해 특정인에게 상속재산을 모두 배분할 수도 있다. 이렇게 되면 상속을 받지 못하는 상속인들의 권리가 제한된다. 그래서 민법에서는 유류분제도를 두어 상속인들이 최소한의 상속재산을 가질 수 있는 권리를 보호하고 있다(민법 제1112조~제1118조). 민법상 유류분권을 행사할 수 있는 사람은 순위상 상속권이 있는 사람이다. 만약 1순위인 자녀와 배우자가 있는 경우 제2순위인 직계존속은 유류분권을 행사할 수 없다. 상속인 중 직계비속, 배우자, 직계존속만 이 제도를 활용할 수 있다(형제자매는 제외). 유류분권은 본인의 법정 상속지분의 1/2(단, 피상속인의 직계존속은 1/3)이다.

예를 들어 보자. 상속재산이 10억 원이고 상속인은 자녀 2명이라면 자녀 1인의 유류분권은 다음과 같다. 참고로 유류분 계산 시 상속재산가액은 상속개시일 당시의 금액으로 평가한다.

- 유류분 산정을 위한 기초가액=상속재산(유산)+증여재산가액-채무액
  =10억 원+0원-0원=10억 원
- 유류분=법정 상속지분 가액(=10억 원×1/2)×유류분(법정 상속지분 가액×1/2)
  =5억 원×1/2=2억 5,000만 원

이 2억 5,000만 원을 상속받은 상속인으로부터 반환 청구할 수 있는 것이다. 참고로 유류분 산정을 위한 기초가액에는 상속개시 전 1년간 증여한 금액을 합산한다. 따라서 이 기간을 벗어나 증여한 재산은 유류분의 행사대상이 안 된다고 할 수 있다. 하지만 민법은 증여계약의 당사자 쌍방이 유류분 권리자의 손해를 입힐 것을 알고 증여를 한때*에는 1년 전에 한 것도 가산할 수 있도록 하고 있다. 따라서 이러한 규정으로 인해서도 재산분쟁이 발생할 수 있는 소지가 다분하다.

* 부모와 자녀가 정당한 가격으로 거래를 한 경우 이는 자녀의 소유물로 귀속된다. 따라서 유류분 청구대상이 아니다. 다만, 가장매매에 해당하는 경우 입증을 거쳐 전체 금액에 대해 저가로 매매하는 경우에는 시가와의 차액이 그 청구대상이 될 수 있다.

유언의 방식에는 대개 자필증서, 녹음, 공정증서, 구수증서 등이 있다. 하지만 이러한 유언들은 법에서 정한 요건들을 갖추어야 그 효력이 인정됨에 유의해야 할 필요가 있다. 예를 들어 자필증서의 경우 유언자가 그 전문과 연월일, 주소, 이름을 기재하고 날인해야 한다. 만일 연월일이나 주소, 날인 등이 빠져 있는 경우에는 유언의 효력이 없다. 공정증서는 유언자가 증인 2인을 참석시키고 공증인의 앞에서 유언의 취지를 구수(口授)하고 공증인이 이를 필기 낭독하며, 유언자와 증인이 그 내용을 확인 및 승인한 후 각자 서명 또는 기명날인해야 한다. 결국, 유언 방식도 엄격한 형식이 필요하므로 반드시 법무전문가 등을 통해 이 문제를 해결하는 것이 좋다.

※ 유언의 방법

유언은 ① 자필증서, ② 녹음, ③ 공정증서, ④ 구수증서, ⑤ 비밀증서 등의 방법의 하나로 진행될 수 있다. 이 중 자필증서로 하는 방법이 가장 좋은 것으로 알려졌다. 이 방법은 자필로 진행되며 증인이나 공증은 필요가 없다. 참고로 유언장은 어떻게 작성하는지 그리고 유의사항은 무엇인지 샘플을 통해 알아보자.

유언장(샘플)

① 성　　　명 :　　　　　　　　(날인)

※ 저자 주 : 성명은 한글, 한자 모두 가능하고, 날인은 도장이 원칙이며 지장
　　도 가능하다.

② 주민등록번호 :　　　　　　　(생년월일 :　　　)

③ 주　　　소 :

④ 작　성　일 :　　　　년　월　일

※ 저자 주 : 작성 일자가 없으면 유언장이 무효에 해당한다.

⑤ 작 성　장 소 :

⑥ 유 언 내 용

※ 저자 주 : 반드시 자필로 내용을 써야 한다. 내용은 유산처리문제를 포함
　　해서 자유롭게 기재하면 된다.
　　유언장은 모두 본인이 직접 써야 효력이 발생함에 유의해야 한다.
　　첨가, 삭제, 변경 시에도 반드시 자필로 해야 하고, 첨삭·변경된 곳에 날인
　　(지장 무방)해야 한다.

제3장

의사결정 전에
알아둬야 할
합산과세의 원리

합산과세는
왜 할까?

앞에서 잠깐 보았듯이 상속세와 증여세를 과세할 때 10년 등 합산과세가 있었다. 이러한 합산과세를 하면 당연히 세 부담이 커진다. 그런데 실무에서 보면 이 합산과세가 법인상속이나 증여 등에 막대한 영향을 미친다. 다음에서는 어떤 세목에 대해 왜 이런 과세방식을 적용하는지부터 알아보자.

1. 합산과세하는 세목

세법에서는 합산과세에 대해 광범위하게 정하고 있다. 예를 들면 다음과 같은 세목이 있다.

· 소득세→종합소득을 모아 소득세를 종합과세한다.
· 상속세→사전에 증여한 재산을 합산해서 과세한다.
· 증여세→동일인으로부터 받은 증여재산을 합산해서 과세한다.

▶ 기타 법인세나 양도세 등의 경우에는 통상 1년 단위로 과세하는데, 이러한 과세방식도 합산과세의 한 유형이라고 할 수 있다.

2. 합산과세하는 이유

합산과세를 하는 목적은 당연히 세 부담을 늘리기 위해서다. 합산과세로 인해 과세표준이 증가하게 되면 세율도 당연히 증가하기 때문이다.

3. 적용 사례

사례를 통해 앞의 내용을 확인해보자. 다음 자료를 보고 물음에 답해보자. K 씨는 국내 거주자에 해당한다.

| 자료 |
· K 씨가 아버지로부터 증여받은 금액
 – 2021년 1월 5,000만 원
 – 2023년 1월 5,000만 원
 – 2024년 1월 1억 원

Q1. 만일 증여에 따른 합산과세를 하지 않는다면 증여세는 얼마나 예상되는가? 증여공제는 10년간 1회만 적용된다고 하자.

구분	증여세	비고
2021년 증여	없음.	증여공제 5,000만 원 적용
2023년 증여	500만 원	5,000만 원×10%
2024년 증여	1,000만 원	1억 원×10%
계	1,500만 원	

Q2. 증여세 합산과세는 위와 같이 증여횟수를 늘려 세 부담을 줄이는 행위를 방지하기 위한 것이다. 그렇다면 증여세 합산과세가 적용되면 앞의 세금은 얼마나 되는가?

구분	증여세	비고
2021년 증여	없음.	증여공제 5,000만 원 적용
2023년 증여	500만 원	5,000만 원×10%
2024년 증여	1,500만 원	[1.5억 원×20%-1,000만 원(누진공제)]-500만 원(2023년 산출세액)
계	2,000만 원	

2024년 증여를 기준으로 10년 내 동일인으로부터 증여받은 금액을 합산하므로 이 경우 총 2억 원을 증여받은 결과가 된다. 이에 5,000만 원의 증여공제를 적용하면 과세표준은 1억 5,000만 원이 되고 세율 20%(누진공제 1,000만 원)를 적용하면 산출세액은 2,000만 원이 된다. 이 중 500만 원은 2023년에 이미 납부했으므로 나머지 1,500만 원을 2024년에 납부하게 된다.

Q3. 만일 K 씨의 아버지가 2035년에 사망한 경우라면 상속재산가액에 합산되는 증여재산가액은?

생전에 증여를 여러 번 하면 증여세가 축소될 수 있고, 더 나아가 상속세도 축소될 수 있다. 이에 상증법은 1차로 증여세 합산과세를 적용하고, 2차로 상속세 합산과세를 적용한다. 이때 상속세는 통상 10년(상속인 외의 자는 5년)이 합산과세 기간이므로 사례의 경우 2035년 기준 10년을 벗어나기 때문에 상속재산가액에 합산되는 사전 증여금액은 없다.

▶ 독자들은 증여세 합산과세와 상속세 합산과세의 관계를 눈여겨봐둘 필요가 있다.

※ 증여세와 상속세 합산과세 비교

구분	증여세 합산과세	상속세 합산과세
합산 기간	동일인* 10년	· 상속인 : 10년 · 위 외의 자 : 5년
합산금액	증여일 현재 평가액	좌동
합산 시 세액공제	기납부세액공제	증여세 산출세액 공제

* (조)부모는 동일인으로 본다.

합산과세가 적용되지 않는 증여재산

앞에서 보았듯이 상속세와 증여세를 합산과세하는 이유는 세 부담을 늘리기 위해서다. 그렇다면 증여세가 비과세되거나 과세되는 모든 항목이 합산과세 대상에 해당할까? 이러한 항목을 구별하는 것은 실무상 매우 중요하다. 다음에서 이에 대해 알아보자.

1. 증여의 범위

상증법상 증여세가 과세되는 대상의 범위는 생각보다 상당히 넓다. 현금이나 부동산 등 현물을 직접 주는 것뿐만 아니라, 거래를 통해 상대방에게 이익을 주거나 재산 가치를 증가시키는 것 등도 이에 해당하기 때문이다. 이러한 원인에 따라 상증법 규정에서는 다양한 유형에 대해 증여이익을 계산하도록 정하고 있다. 예를 들면 다음과 같은 것들이 있다.

- 저가 양수에 따른 증여
- 금전의 무상대여에 따른 증여
- 재산 가치증가에 따른 증여
- 증여추정에 따라 결정된 증여(자금출처조사 등)

- 특정 법인의 주주에 대한 증여
- 합병, 증자, 감자, 주식상장 등에 따른 증여

2. 증여와 합산과세

1) 원칙

앞에서 보았듯이 증여가 여러 차례 발생하면 이를 모아 한꺼번에 증여세를 과세하는 한편, 증여 후 일정 기간 내에 상속이 발생하면 상속세 합산과세를 적용하는 것이 원칙이다.

2) 예외

그런데 다음과 같은 증여에 대해서는 증여세 합산과세를 하지 않는다. 이러한 재산은 증여자를 특정하기가 힘들기 때문이다. 그래서 세법은 해당 증여가 발생하면 건별로 증여세를 내면 그만이다(이때 3,000만 원을 공제하나 다음 ⑦~⑨의 증여의제 이익은 이를 공제하지 않음).

> ※ **합산배제증여재산의 범위**(상증법 제47조 제1항)
> ① 상증법 제32조 제1항 제3호에 따른 증여이익(타인의 기여에 의하여 재산 가치가 증가)
> ② 상증법 제40조 제1항 제2호 및 제3호에 따른 증여이익(전환사채 주식전환 등의 이익)
> ③ 상증법 제41조의 3에 따른 증여이익(주식상장 등에 따른 이익)
> ④ 상증법 제41조의 5에 따른 증여이익(합병에 따른 상장 등 이익의 증여)
> ⑤ 상증법 제42조의 3에 따른 증여이익(미성년자 등이 타인의 기여에 의하여 얻은 재산 가치증가이익)
> ⑥ 상증법 제45조의 재산 취득자금 등의 증여추정(자금출처조사, 2022년 시행)[*]
> ⑦ 상증법 제45조의 2에 따른 증여의제액(명의신탁 재산의 증여의제, 2019년 시행)
> ⑧ 상증법 제45조의 3에 따른 증여의제액(일감 몰아주기)
> ⑨ 상증법 제45조의 4에 따른 증여의제액(일감 떼어주기)

[*] 자금출처조사에 따라 밝혀진 증여의 경우 증여자를 특정하기가 힘들어 2022년부터 합산배제증여재산에 포함됐다.

▶ 실무상 중요한 상증법 제45조의 5(특정 법인과의 거래에 의한 증여) 등은 합산배제 증여재산에서 제외되어 있으므로 확인하기 바란다. 참고로 앞의 합샌배제증여재산은 상속세 발생 시점과 관계없이 상속세 합산과세가 적용되지 않는 점도 알아두기 바란다.

3. 적용 사례

75세인 K 씨는 다음과 같이 사전 증여 등을 했다. 물음에 답해보자. 참고로 K 씨나 그의 가족들은 모두 국내 거주자에 해당한다.

┃ 자료 ┃
- 현재 보유한 재산 : 10억 원
- 11년 전 배우자에게 증여 : 5억 원
- 3년 전 자녀에게 증여 : 2억 원
- 1년 전 법인에 매매한 금액 : 3억 원
- 1년 전 자녀의 출산에 따른 증여 : 1억 원

Q1. 만일 현재 보유한 재산에 대해 상속세가 과세된다면 상속세 예상액은? 단, 상속공제액은 10억 원이라고 하자.

보유한 재산이 10억 원이고 상속공제액이 10억 원이므로 상속세는 발생하지 않는다.

Q2. 현행 상증법에 따르면 사전 증여한 재산에 대해 상속인은 10년, 상속인 외의 자는 5년 합산과세를 하고 있다. 이렇게 하는 이유는 무엇인가?

상속세는 상속이 발생하면 과세되는 세금으로 누진세율이 적용된다. 따라서 상속이 발생하기 전에 재산을 숨기거나 증여 등을 통해 재산을 분산시키면 누진세율의 상속세를 피할 수 있다. 합산과세는 이러한 문제점을 방지하려는 조치에 해당하는 것으로 볼 수 있다.

Q3. 상속세 관점에서 합산과세가 되는 금액은 얼마인가?

3년 전 자녀에게 증여한 금액 2억 원이 이에 해당한다. 이 외의 것은 다음과 같은 사유에 의해 합산과세를 하지 않는다.

- 11년 전 배우자에게 증여→합산 기간이 경과했다.
- 1년 전 법인에 매매한 금액→매매는 유상으로 거래한 것이므로 합산과세와 무관하다.
- 올해 자녀의 출산에 따른 증여→혼인출산에 따른 증여공제 한도 (1억 원) 내의 금액은 상속세 합산과세를 하지 않는다.

Q4. 만일 올해 자녀가 5,000만 원을 증여받으면 증여세는 없는가?

아니다. 3년 전 받은 2억 원과 합산해서 과세된다. 이 경우 다음과 같은 효과가 발생한다.

구분	3년 전 증여	10년 내 증여재산가액 합산	합산 후 증여
증여재산가액	2억 원	5,000만 원	2억 5,000만 원
-증여공제	5,000만 원		5,000만 원
=과세표준	1억 5,000만 원		2억 원
×세율	20%		20%
-누진공제	1,000만 원		1,000만 원
=산출세액	2,000만 원		3,000만 원
-기납부세액	0원		2,000만 원
=납부세액	2,000만 원		1,000만 원

결국, 이번에 합산된 5,000만 원에 대해서는 20%의 세율이 적용되므로 추가로 1,000만 원을 납부하게 되는 셈이다.

Q5. 만일 자녀가 K 씨의 부동산을 저가로 매수했다고 하자. 이때 저가 매수에 의한 이익이 시가의 30% 이상 차이가 나서 2억 원이 증여이익으로 확인됐다. 이 증여이익에 대해서는 합산과세가 되는가?

저가 매수에 따른 증여는 합산과세 대상에 해당한다. 따라서 10년 내 동일인으로부터 받은 증여가 있다면 이를 합산해 신고해야 한다.

Q6. Q5의 이익은 상속세 합산과세의 대상이 되는가?

그렇다. 합산배제증여재산에 포함되어 있지 않기 때문이다.

Tip	합산배제증여재산에 대한 상속세 및 증여세 적용방법

1. 합산배제증여재산을 증여한 증여자가 10년 또는 5년 이내에 사망한 때도 당해 재산은 상속세 과세가액에 가산하지 않는다.
2. 합산배제증여재산에 대해서는 부담부 증여가 인정되지 않는다.
3. 합산배제증여재산을 증여한 자로부터 다른 증여세 과세대상 재산을 10년 이내에 증여받은 경우 서로 합산하지 않는다.
4. 합산배제증여재산에 대한 증여세 과세표준은 당해 증여재산가액에서 3,000만 원과 감정평가수수료를 공제한 금액이 된다(다만, 증여의제액에 대해서는 3,000만 원 공제 안 됨).

상속세
합산과세의 원리

이제 앞에서 본 내용을 바탕으로 상속세와 증여세에 대한 합산과세를 하나씩 살펴보자. 먼저 상속세 합산과세에 관한 내용부터 살펴보자.

1. 상속세 합산과세

상속세 힙산과세는 상증법 제13조에서 다음과 같이 정하고 있다.

상증법 제13조(상속세 과세가액)

① 상속세 과세가액은 상속재산의 가액에서 제14조에 따른 것을 뺀 후 다음 각 호의 재산가액을 가산한 금액으로 한다.

1. 상속개시일 전 10년 이내에 피상속인이 상속인[*]에게 증여한 재산가액

2. 상속개시일 전 5년 이내에 피상속인이 상속인이 아닌 자[**]에게 증여한 재산가액

　　[*] 배우자와 자녀(대습상속 손·자녀 포함)를 말한다.
　　[**] 이에는 손·자녀(대습상속 제외), 법인 등이 해당한다.

② 생략

③ 제46조·제48조 제1항·제52조 및 제52조의 2 제1항에 따른 재산의 가액과 제47조 제1항에 따른 합산배제증여재산의 가액[*]은 제1항에 따라 상속세 과세가액에 가산하는 증여재산가액에 포함하지 아니한다.

　[*] 제46조는 비과세되는 증여재산, 제48조 제1항은 공익법인출연재산, 제52조는 공익신탁재산, 제47조 제1항은 앞에서 본 합산배제증여재산을 말한다.

▶ 증여세가 비과세되거나 합산배제증여재산 등은 상속세 합산과세를 적용받지 아니한다.

2. 적용 사례

K 씨는 다음과 같이 재산을 사전에 증여했다. 물음에 답해보자.

| 자료 |
· 6년 전 법인에 증여 : 10억 원
· 증여 당시 법인의 주주는 증여세를 부담했음.

Q1. K 씨의 사망으로 상속이 발생한 경우 법인에 증여한 금액은 상속세 합산과세가 되는가?

아니다. 5년이 지났기 때문에 합산과세가 되지 않는다.

Q2. 그렇다면 주주가 받은 이익은 상속세 합산과세가 적용되는가?

주주가 상속인에 해당하면 10년의 합산 기간이 적용된다. 상속인 외의 자에 해당하는 주주는 5년이다.

※ 기획재정부 재산-899(2011.10.24)

[제목] 주식 가치상승분에 대한 상속세 과세가액 가산 여부

[요약] 특수관계에 있는 자가 출자한 영리법인에 특수관계에 있는 자가 부동산의 증여로 해당 영리법인의 주식 가치가 증가한 것에 대하여 해당 법인의 주주에게 증여세가 과세된 경우 해당 증여재산(주식 가치 증가분)은 상속세 과세가액에 가산함.

Q3. 만일 주주에게 증여세가 과세되지 않을 때는 상속세 합산과세가 되지 않는가?

증여세가 비과세되면 상속세 합산과세를 하지 않는 것과 같은 취지로 증여세가 과세되지 않으면 이를 상속재산가액에 합산할 이유는 없다.

Q4. 이 사례에서 얻을 수 있는 교훈은?

법인에 증여 시에는 법인과 주주에 대한 법인세와 증여세가 동시에 발생할 수 있다. 이때 증여자가 사망한 경우에는 상속세 합산과세가 적용되는 경우 법인증여분은 5년, 주주증여분은 과세분만 10년이 적용된다는 사실이다. 따라서 주주에 대한 상속세 합산과세를 피하기 위해서는 주주에게 과세되는 증여이익이 발생하지 않도록 할 필요가 있다.

Tip 상증세 집행기준 13-0-4 [상속세 과세가액에 합산하지 않는 증여재산]

① 증여세 비과세재산
② 공익법인 등에 출연한 재산, 장애인이 증여받은 재산
③ 합산배제증여재산
④ 조특법상 특례(영농자녀가 증여받은 농지 등)
⑤ 비실명 특정 채권(금융실명법 부칙에 따라 조세특례가 적용되는 특정 채권)

영리법인 증여와
상속세 합산과세

개인으로부터 영리법인이 증여를 받으면 법인은 자산수증이익에 대해 법인세를 내면 그만이다. 물론 주주에 대한 증여세 문제도 있다. 그런데 이러한 문제 외에도 법인에 증여한 증여자가 사망한 경우에는 합산과세의 문제가 있다. 다음에서 이에 대해 알아보자.

1. 법인증여와 과세방식

개인이 법인에 증여하면 법인에 대해서는 법인세를 과세하는 한편, 특정 법인의 주주에 대해서는 증여세가 과세될 수 있다. 후자의 경우 법인과 특수관계에 있는 자로부터 이익을 분여받은 것에 해당할 수 있기 때문이다. 다만, 이때 증여세가 과세되기 위해서는 각 주주별로 증여이익이 1억 원 이상이 되어야 한다.*

* 법인주주에 대한 증여세를 최소화하기 위해서는 주주의 수와 증여이익을 고려해 증여전략을 마련한다. 예를 들어 주주의 수가 4인이고 각 1인당 1억 원을 곱하면 매년 4억 원 정도 증여를 할 수 있다. 단, 이때 주주의 지분율이 다른 경우에는 다른 효과가 발생할 수 있음에 유의해야 한다.

2. 법인증여와 상속세 합산과세

법인이 증여를 받은 후 증여자가 사망한 경우에는 상속세 합산과세의 문제가 있다. 정리해보자.

1) 법인증여분과 상속세 합산과세

법인에 증여한 금액은 5년간 합산과세 기간을 적용한다.

2) 주주 증여분과 상속세 합산과세

주주가 상속인이면 10년, 상속인 외 주주는 5년이 적용된다. 예를 들어 주주 중 손·자녀가 포함되어 있다면 이들의 합산 기간은 5년이 된다.

3. 상속세 합산과세 기간 적용법

증여자가 법인에 증여 후 사망을 한 경우에는 상속세 합산과세를 검토해야 한다. 이때 증여 후 사망 시기별로 어떤 식으로 합산과세를 할 것인지 정리해보자.

1) 증여 후 5년 이내에 상속이 발생한 경우

증여자가 5년 이내에 사망한 경우, 법인증여분과 주주증여분 모두가 합산과세의 대상이 된다. 그렇다면 이 경우 둘 모두를 합산과세할까?

이에 대해 과세당국은 해석을 통해 이런 상황에서는 법인증여분만을 합산하도록 하고 있다.

※ 기획재정부 재산세과-899, 2011.10.24

상속개시일 전에 피상속인과 특수관계에 있는 자가 출자한 영리법인에 피상속인이 재산을 증여하여 해당 영리법인의 주식 가치가 증가한 것에 대하여 그 법인의 주주(자녀)에게 증여세가 과세된 경우에는 피상속인이 5년 이내에 사망한 경우에는 영리법인에 증여한 재산가액만 상속재산에 가산하며, 5년 후에 사망하는 경우에는 주주인 상속인에 대한 주식 가치 증가분만 가산한다.

2) 증여 후 5~10년 이내에 상속이 발생한 경우

이 경우에는 상속인인 주주에 대해서만 그가 증여받은 이익에 대해 상속세 합산과세를 적용한다. 참고로 주주의 이익에 대해 합산과세가 되기 위해서는 1년간 합산한 금액이 1억 원이 넘어야 한다. 따라서 1억 원이 안 되면 증여세가 과세되지 않으며, 상속세 합산과세도 적용되지 않는다.

4. 적용 사례

사례를 통해 앞의 내용을 확인해보자. 다음 자료를 보고 물음에 답해보자.

> **| 자료 |**
> * 법인 주주구성 : 4인 가족(A, B, C, D 균등지분)
> * A 씨가 법인에 증여한 금액 : 10억 원

Q1. 법인증여에 대한 법인세는 얼마나 내는가?

10억 원에 19%(누진공제 2,000만 원)를 적용하면 1억 7,000만 원(지방소득세 포함 시 1억 8,700만 원)이 발생한다.

Q2. 주주에 대한 증여세는 얼마나 나오는가?

증여재산가액 10억 원에서 법인세를 차감한 금액이 주주가 얻은 이익이 된다. 이 이익에 대해 각 주주의 지분율을 곱한 금액이 1억 원 이상이 되면 주주에게도 증여세가 과세된다.

구분	지분율	증여이익	주주당 이익	증여세 과세 여부
A	25%		2억 325만 원	×*
B	25%		2억 325만 원	○
C	25%	8억 1,300만 원	2억 325만 원	○
D	25%		2억 325만 원	○
계	100%	–	8억 1,300만 원	–

* 본인이 자신에게 증여한 것은 증여세가 과세되지 않는다.

Q3. 주주 B는 A의 배우자로 5년 전에 6억 원을 증여받은 적이 있다. 이 증여재산가액은 이번에 증여받은 이익과 합산해서 과세하는가?

그렇다.

Q4. A 씨가 법인증여일로부터 5년 이내에 사망했다. 그의 상속일 당시의 재산은 10억 원 정도가 된다. 사전에 증여한 재산 중 상속세에 합산과세가 되는 금액은 얼마나 되는가?

앞의 내용을 종합한 결과 A 씨는 법인에 10억 원을 증여했고 5년 전에는 배우자에게 6억 원을 증여했다. 따라서 이 둘의 금액을 합한 15억 원이 합산되는 가액에 해당한다.

▶ 이처럼 증여 후 5년 내 사망한 경우에는 주주에 대한 증여금액은 제외하고 법인에 증여한 금액만 합산한다.

Q5. 사전에 증여한 재산이 상속재산에 합산되어 과세되는 경우 증여 당시의 산출세액은 상속세 산출세액에서 차감된다. 사례의 경우 얼마가 공제되는가?

• 배우자분→없음.
• 법인 분→10억 원×30%-6,000만 원(누진공제)=2억 4,000만 원

법인 분 공제세액은 다음과 같은 예규에 따른 결과에 해당한다.

피상속인이 상속개시 전 5년 이내에 영리법인에 증여한 재산가액 및 이익도 상속재산의 가액에 가산한다. 다만, 영리법인이 사전 증여받은 재산 및 이익에 대하여 자산수증이익 등으로 하여 법인세가 과세되거나 결손금 등으로 인하여 실제 법인세가 납부되지 않은 경우에도, 증여받을 당시의 상증법에 따라 계산한 증여세 산출세액 상당액을 상속세 산출세액에서 기납부세액(증여세액공제)으로 공제한다.

증여세
합산과세의 원리

상속세 합산과세에 이어 증여세 합산과세에 대해 알아보자. 전자의 경우에는 단 1회 발생하나, 후자는 수시로 발생할 수 있다는 점에서 상속세보다 다소 복잡할 수 있다. 특히 증여세 과세대상과 이를 파악하는 방법 등에도 주의를 해야 한다.

1. 증여세 합산과세

증여세 합산과세는 상증법 제47조에서 정하고 있다.

> **상증법 제47조(증여세 과세가액)**
> ① 증여세 과세가액은 증여일 현재 이 법에 따른 증여재산가액을 합친 금액[제31조 제1항 제3호, 제40조 제1항 제2호·제3호, 제41조의 3, 제41조의 5, 제42조의 3, 제45조 및 제45조의 2부터 제45조의 4까지의 규정에 따른 증여재산(이하 "합산배제증여재산"이라 한다)의 가액은 제외한다]에서 그 증여재산에 담보된 채무(그 증여재산에 관련된 채무 등 대통령령으로 정하는 채무를 포함한다)로서 수증자가 인수한 금액을 뺀 금액으로 한다.
> ② 해당 증여일 전 10년 이내에 동일인(증여자가 직계존속인 경우에는 그 직계존속의 배우

자를 포함한다)으로부터 받은 증여재산가액을 합친 금액이 1,000만 원 이상인 경우에는 그 가액을 증여세 과세가액에 가산한다. 다만, 합산배제증여재산의 경우에는 그러하지 아니하다.

이 규정에서 핵심적인 내용을 정리하면 다음과 같다.

첫째, 증여재산가액의 개념을 이해해야 한다.
이를 위해서는 증여세 과세대상을 구분하고, 각 과세유형에 따라 증여재산가액을 계산하는 방법을 알아야 한다.

둘째, 합산배제증여재산의 범위에 대해 알아야 한다.
이에 대해서는 앞(92페이지)에서 살펴보았다.

셋째, 10년 동일인으로부터 받은 금액이 1,000만 원 이상인 경우에 합산한다.

※ 상증세 집행기준 47-0-1(증여세 과세가액)

증여재산가액	
-과세가액 불산입액	○ 공익법인이 출연받은 재산 ○ 장애인이 증여받은 재산 등
-부담부 증여 시 채무인수액	○ 증여재산이 담보한 채무 ○ 임대자산인 경우 임대보증금
+동일인으로부터 10년 이내에 받은 증여재산 (1,000만 원 이상)	○ 동일인의 범위에는 증여자가 직계존속이면 그 직계존속의 배우자를 포함
=증여세 과세가액	○ 합산배제 증여재산가액은 제외

2. 적용 사례

K 씨는 다음과 같이 재산을 사전에 증여했다. 물음에 답해보자.

| 자료 |
* 3년 전 자녀 A에 증여 : 2억 원
* 1년 전 자녀 B에 증여 : 1억 원

Q1. 올해 자녀 A에게 주택을 저가 양도하고자 한다. 이 경우 3년 전의 증여 재산가액과 합산과세가 되는가?

저가 양도에 따라 확인된 증여이익이 있다면 동일인에게 10년 내 받은 증여재산가액은 합산된다.

Q2. 자녀 B가 K 씨의 배우자로부터 2억 원을 증여받고자 한다. 이 경우 1년 전에 K 씨로부터 증여받은 금액과 합산되는가?

그렇다. 직계존속인 부모는 동일인으로 보기 때문이다.

Q3. 만일 K 씨가 10년 후에 사망한 경우 상속세에 합산되는 증여재산가액은?

없다. 10년이 지나면 이와 상속세 합산과세와 무관하기 때문이다.

Q4. 이 사례에서 얻을 수 있는 교훈은?

개인이 증여를 받을 때는 10년 내 동일인 합산과세가 적용된다는 점에 유의해야 한다. 한편 사전에 증여받은 재산은 상속재산에 합산과세가 될 수 있으므로 상속이 임박한 경우에는 사전 증여 시 주의해야 함을 알 수 있다.

개인과 법인을 대상으로 진행되는 증여에 대해 다양한 세무상 쟁점을 파악하기 위해서는 증여세 과세대상 등을 잘 알아둬야 할 것으로 보인다.

1. 증여세 과세대상

상증법 제4조에서는 증여세 과세대상을 다음과 같이 정하고 있다.

상증법 제4조(증여세 과세대상)

① 무상으로 이전받은 재산 또는 이익

② 현저히 낮은 대가를 주고 재산 또는 이익을 이전받음으로써 발생하는 이익 또는 현저히 높은 대가를 받고 재산 또는 이익을 이전함으로써 발생하는 이익(비특수관계자 간 거래인 경우에는 거래의 관행상 정당한 사유가 없는 경우로 한정함)

③ 재산 취득 후 해당 재산 가치가 증가한 경우의 그 이익(비특수관계자 간 거래인 경우에는 거래의 관행상 정당한 사유가 없는 경우로 한정함)

④ 상증법 §33부터 §39까지, §39의 2, §39의 3, §40, §41의 2부터 §41의 5까지, §42, §42의 2, §42의 3에 해당하는 경우의 그 재산 또는 이익

⑤ 상증법 §44, §45에 해당하는 경우의 그 재산 또는 이익

⑥ ④에서 나열하고 있는 경우와 경제적 실질이 유사한 경우 등 ④의 개별 규정을 준용하여 증여재산의 가액을 계산할 수 있는 경우의 그 재산 또는 이익

⑦ 상증법 §45의 2부터 §45의 5*에 해당하는 경우 그 재산 또는 이익

* 특정 법인과의 거래를 통한 법인에 증여하거나 자금 무상대여 등을 한 경우 주주에게 증여세를 과세하는 제도를 말한다.

위 내용을 보면 증여세 과세대상의 폭이 상당히 넓음을 알 수 있다. 주요 내용을 정리하면 다음과 같다.

- 무상으로 이전되는 재산이나 이익
- 저가나 고가로 거래하면서 발생한 이익
- 재산 취득 후 재산 가치가 증가한 경우의 이익
- 특정 법인과의 거래로 인해 주주가 얻은 이익 등

2. 증여재산가액의 계산원칙

앞에서 본 증여세 과세대상에 대해 증여세 등을 과세하기 위해서는 구체적으로 증여재산가액을 계산할 수 있어야 한다. 구체적인 것은 상증법 제31조를 참조하기 바란다.

※ 상증세 집행기준 31-23-1[증여재산가액 계산의 일반원칙]

구분	증여재산가액 산정방법
재산(이익)의 무상이전	증여받은 재산의 시가 상당액
제33조부터 제39조까지, 제39조의 2, 제39조의 3, 제40조, 제41조의 2부터 제41조의 5까지 및 제42조, 제42조의 2 또는 제42조의 3에 해당하거나 이와 유사한 경우, 제44조, 제45조, 제45조의 2부터 제45조의 5에 해당하는 경우	해당 규정에 따라 계산한 이익
재산의 유상이전	시가와 대가와의 차이액. 단, 시가와 대가의 차액이 시가의 30% 이상 차이가 있거나 그 차액이 3억 원 이상인 경우에 한함.
기여에 의한 재산 가치증가	재산 가치증가 사유 발생 시점 재산가액 – (취득가액 + 통상적 가치상승분 + 가치상승기여분) 단, 시가와 대가의 차액이 시가의 30% 이상 차이가 있거나 그 차액이 3억 원 이상인 경우에 한함.

3. 증여세 과세특례

상증법 제43조에서는 증여세 과세특례제도를 두고 있다. 이러한 내용은 실무에 매우 중요하게 작동하므로 관련 내용을 정확히 알아두는 것이 좋을 것으로 보인다.

1) 하나의 증여에 둘 이상의 규정이 적용되는 경우

하나의 증여에 대해 상증법 규정이 2개 이상 적용되는 경우에는 그 중 이익이 가장 많게 계산되는 것 하나만을 적용한다.

▶ 적용대상 : 제33조부터 제39조까지, 제39조의 2, 제39조의 3, 제40조, 제41조의 2부터 제41조의 5까지, 제42조, 제42조의 2, 제42조의 3, 제44조, 제45조 및 제45조의 3부터 제45조의 5까지

2) 1년 이내의 동일한 거래의 이익을 합산하는 경우

증여이익을 계산할 때 그 증여일부터 소급해서 1년 이내에 동일한 거래 등이 있는 경우에는 각각의 거래 등에 따른 이익(시가와 대가의 차액을 말한다)을 해당 이익별로 합산해서 계산한다.

▶ 적용대상 : 제31조 제1항 제2호, 제35조, 제37조부터 제39조까지, 제39조의 2, 제39조의 3, 제40조, 제41조의 2, 제41조의 4, 제42조 및 제45조의 5

통상 증여는 개인 간에 현금이나 부동산을 주고받을 때 성립한다. 그런데 이렇게 증여를 하면 대부분 증여세를 낼 수밖에 없다. 이런저런 제도에 의해 증여받은 사실이 드러나기 때문이다. 그래서 이를 피하고자 신종증여가 많이 발생했다. 이에 세법은 이러한 행위에 대해 과세를 강화하기 위해 증여에 대한 유형을 세분화시켜왔다. 이를 요약하면 다음과 같다.

구분	비고
제33조 신탁이익의 증여	
제34조 보험금의 증여	
제35조 저가 양수 또는 고가 양도에 따른 이익의 증여	개인 증여세 과세
제36조 채무면제 등에 따른 증여	
제37조 부동산 무상사용에 따른 이익의 증여	토지 무상사용이익 등
제38조 합병에 따른 이익의 증여	
제39조 증자에 따른 이익의 증여	
제39조의 2 감자에 따른 이익의 증여	
제39조의 3 현물출자에 따른 이익의 증여	
제40조 전환사채 등의 주식전환 등에 따른 이익의 증여	
제41조의 2 초과배당에 따른 이익의 증여	
제41조의 3 주식 등의 상장 등에 따른 이익의 증여	
제41조의 4 금전 무상대출 등에 따른 이익의 증여	가수금 등 무상대여 이자에 대한 증여세 과세 여부(1,000만 원)
제41조의 5 합병에 따른 상장 등 이익의 증여	
제42조 재산사용 및 용역제공 등에 따른 이익의 증여	
제42조의 2 법인의 조직 변경 등에 따른 이익의 증여	
제42조의 3 재산 취득 후 재산 가치증가에 따른 이익의 증여	
제43조 증여세 과세특례	
제44조 배우자 등에게 양도한 재산의 증여추정	
제45조 재산 취득자금 등의 증여추정	자금출처조사 관련
제45조의 2 명의신탁 재산의 증여 의제	

제45조의 3 특수관계법인과의 거래를 통한 이익의 증여 의제	
제45조의 4 특수관계법인으로부터 제공받은 사업기회로 발생한 이익의 증여 의제	
제45조의 5 특정 법인과의 거래를 통한 이익의 증여 의제	법인주주의 증여세 관련 (주주당 1억 원 이상)

이 중 제41조의 4 금전 무상대출에 따른 증여이익에 대해 알아보자.

이 규정은 타인으로부터 금전을 무상으로 또는 적정 이자율보다 낮은 이자율로 대출받으면 그 금전을 대출받은 날에 일정한 금액을 증여재산가액으로 하는 제도를 말한다. 다만, 해당 금액이 1년간 1,000만 원에 미달하면 증여로 보지 않는다.

- 무상으로 대출받은 경우 : 대출금액에 적정 이자율(4.6%)을 곱하여 계산한 금액
- 적정 이자율(4.6%)보다 낮은 이자율로 대출받은 경우 : 대출금액에 적정 이자율을 곱하여 계산한 금액에서 실제 지급한 이자 상당액을 뺀 금액

이를 적용할 때 대출 기간이 정해지지 아니한 경우에는 그 대출 기간을 1년으로 보고, 대출 기간이 1년 이상인 경우에는 1년이 되는 날의 다음 날에 매년 새로 대출받은 것으로 보아 해당 증여재산가액을 계산한다.

상속세 절세를 위해서 가장 필요한 것은 사전에 재산가액을 적극적으로 줄이는 것이다. 무엇보다도 상속세 합산과세가 기다리고 있기 때문이다. 다만, 사전 증여를 선택하는 경우 증여세 부담도 만만치 않으므로 적절한 증여 활동이 필요하다. 다음에서는 상속세 절세를 위해 필요한 재산분배전략에 대해 알아보자.

1. 재산분산의 유형과 세법상 규제

개인의 재산을 분산할 수 있는 수단에는 증여, 매매, 소비, 무단인출이 있다. 이러한 유형에 대해서는 대부분 세법상 규제가 있다.

구분		합산과세		세법상 규제
		개인	법인	
증여	증여 합산	10년(동일인)	–	증여세 합산과세
	상속 합산	10년 또는 5년	5년	상속세 합산과세
	매매	–	–	저가 양도 등에 대해 부당행위계산, 증여세 과세
	소비	–	–	–
	인출	–	–	상속추정이나 증여추정

상속의 관점에서는 역시 사전 증여가 밀접한 관련이 있다. 사전 증여 후 상속을 받게 되면 상속세 합산과세가 적용되기 때문이다. 이 외의 항목 중 매매는 저가 양도 등의 경우 양도세 부당행위계산, 증여이익 과세 등 자금의 인출 시에는 상속추정이나 증여추정 같은 부차적인 규제가 발생한다. 한편 소비는 규제가 거의 없다.

2. 재산분산전략

첫째, 소비 등으로 재산가액을 줄이면 문제가 없다.

둘째, 무단인출 시에는 상속추정과 증여추정에 유의해야 한다(다음 Tip 참조).

셋째, 매매 시에는 시가의 적정성 여부를 확인해야 한다(이에 대해서는 저자의 《가족 간 부동산 거래 세무 가이드북》 참조).

넷째, 이상과 같은 수단 외에 증여가 필요성이 있는 경우 개인과 법인을 적절히 조합한다. 먼저 개인 수증자의 수와 증여공제액, 증여세 산출세액 등을 고려해 증여금액을 결정하고, 이후 개인증여로 보완이 안 된 부분은 법인증여로 진행한다.

Tip 상속세와 증여세를 대비하는 계좌관리법

1. 상속개시일 전 소급해서 1~2년 내인 경우

상속개시일을 기준으로 소급해서 1~2년 이내에 근거 없이 계좌에서 현금을 인출한 경우 상속인이 이에 대해 용도를 소명해야 하며, 소명이 안 되면 상속재산에 포함해 상속세를 과세하는 제도가 있는 데 이를 상속추정제도라고 한다. 이때 적용 기준은 다음과 같다.

구분	상속개시일 전 1년 내	상속개시일 전 2년 내
현금을 인출한 경우	2억 원 이상	5억 원 이상

즉, 위의 금액을 인출하면 해당 금액에 대한 용도 입증을 상속인이 해야 한다.

▷ 이 시기의 계좌관리법은 인출한 금액이 위의 금액 미만이 되도록 하며, 가급적 용도가 입증(예 카드, 생활비 등)이 되도록 사용하는 것이 좋다.

2. 상속개시일 전 소급해서 10년(상속인 외의 자는 5년) 내인 경우

상속개시일 전 소급해서 10년(상속인 외의 자는 5년) 이내에 증여한 재산이 있으면 상속재산가액에 합산한다.

구분	상속재산에 합산하는 기간	비고
상속인	10년	자녀
상속인 외의 자	5년	손·자녀, 며느리, 법인

이때 증여세 신고를 하지 않으면 다음과 같은 식으로 상속재산 해당 여부를 파악한다.

• 계좌이체로 근거가 남아 있는 경우 : 상속인이 증여가 아님을 입증하지 못하면 먼저 증여세(가산세 포함)를 과세한 후, 상속재산가액에 합산한다(증여추정제도).
• 계좌이체로 근거가 남아 있지 않은 경우 : 국세청이 증여 사실을 밝혀내지 못하면 증여세 및 상속세를 과세할 수 없다(증명책임은 국세청에 있음).

▶ 이 시기의 계좌관리법은 직계비속에게 이체된 금액은 증여로 추정될 수 있으므로 계좌 이체된 것은 성격을 명확히 해서 증여에 해당하면 증여세를 신고하는 것을 원칙으로 해야 한다. 만일 대여한 경우라면 반드시 차용증을 작성하고 차용증에 기재된 대로 자금수수(이자 포함)가 되어야 한다. 참고로 이때 이자율은 0~4.6% 사이에서 정하는 것이 일반적이다.

3. 상속개시일 전 소급해서 10~15년 내인 경우
이 기간 내에 사전 증여한 금액이 밝혀진 경우와 밝혀지지 않은 경우의 세무처리법은 다음과 같다.

구분	증여세 과세	상속세 과세
사전 증여금액이 밝혀진 경우	국세 부과제척기간 15년 적용으로 증여세가 과세될 수 있음.	× (상속세 합산과세 기간 경과)
사전 증여금액이 밝혀지지 않은 경우	-	-

▶ 참고로 상속개시일 전 10~15년 내의 것에 대해서는 상속인들에게 소명을 요구하지 않는 것이 일반적이다.

※ 계좌관리요령 요약

구분	상속개시 전 2년 내	상속개시 전 2~10년 내	상속개시 전 10~15년 내
적용되는 제도	상속추정	증여추정	증여추정
과세내용	증여세+상속세	증여세+상속세	증여세
계좌관리 요령	가급적 근거 있게 사용	계좌이체 시 반드시 증여인지 아닌지 점검해야 함. · 만일 증여에 해당하면 : 상속재산에 포함되므로 증여세 신고를 해둬야 함. · 만일 차입에 해당하면 : 차용증을 갖춰둬야 함. 물론 이 금액은 향후 상속재산에 포함됨 (증여세는 과세 안 됨).	

제4장

영리법인과 주주의
세무회계 처리법

영리법인의 상속과 증여 시 필요한 세무회계지식

영리법인에 대한 상속과 증여 실행 시 발생할 수 있는 다양한 세무상 쟁점 등을 해결하기 위해서는 영리법인에 대한 세무회계를 정확히 이해할 필요가 있다. 다음에서 영리법인에 대한 상속과 증여 시 필요한 세무회계지식에 대해 알아보자.

1. 회계

영리법인이 상속과 증여에 따라 자산을 취득하면 다음과 같이 회계처리를 한다.

(차변) 자산 ××× (대변) 자산수증이익 ×××

이러한 자산은 재무상태표의 자산에 계상하는 한편, 자산수증이익은 손익계산서상의 영업외수익에 표기된다.

1) 재무상태표와 관련해 알아둬야 할 것들

재무상태표는 일정 시점의 자산, 부채, 자본의 상태를 보여주는 표를 말한다. 이의 구조는 다음과 같다.

자산 Ⅰ. 유동자산 　1. 당좌자산 　2. 재고자산 Ⅱ. 비유동자산 　1. 투자자산 　2. 유형자산[＊] 　　토지 　　건물 　　(감가상각 누계액) 　3. 무형자산 　　영업권	부채 자본 　자본금 　잉여금
자산 계	부채와 자본 계

＊ 사업에 직접 사용하거나 임대하고 있는 자산을 말한다.

법인이 자산을 상속이나 증여받으면 재무상태표에서는 다음과 같은 항목을 위주로 점검해야 한다.

- 취득가액은 어떻게 정하는가?
- 취득세 등 부대비용은 얼마나 되는가?

2) 손익계산서와 관련해 알아둬야 할 것들

손익계산서는 일정 기간(보통 1월 1일~12월 31일, 1년)에 발생한 수익과 비용 그리고 당기순이익을 기록한 표를 말한다.

구분	금액	비고
매출액		
−매출원가		
=매출총이익		
−판매관리비 직원급여 감가상각비 기타비용		
=영업이익		
+영업외수익 자산수증이익		상속이나 증여로 받은 이익
−영업외비용 유형 자산처분손실 지급이자		
=당기순이익*		

* 이를 기반으로 소득세(또는 법인세)가 부과된다.

법인이 자산을 상속이나 증여받으면 손익계산서에서는 다음과 같은 항목을 위주로 점검해야 한다.

- 당기순이익은 얼마나 늘어나는가?
- 법인세에는 얼마나 영향을 주는가?

▶ 회계의 관점에서는 상속이나 증여 자체는 별로 중요하지 않다. 상속을 받았다고 해서 특별하게 우대하거나 불이익을 주는 것은 아니기 때문이다. 다만, 취득가액을 정확히 기록하는 것은 상당히 중요한 업무에 해당한다.

2. 세무

법인에 대한 상속이나 증여는 주로 세법에서 규율한다. 개인 상속이나 증여 시 높은 세율을 피하고자 법인을 택할 수도 있고, 법인을 매개로 해 주주에게 부를 이전할 수도 있기 때문이다.

1) 상속

법인이 상속을 받으면 해당 자산은 법인의 이익이 되고 이에 대해 저렴한 법인세가 과세된다. 이렇게 법인이 상속을 받게 되면 전체적인 세수가 줄어들 수 있으므로 상증법에서는 이를 방지하는 차원에서 법인의 주주가 상속인이거나 직계비속이면 추가로 상속세를 부과한다.

▶ 법인의 상속과 관련해서는 다음과 같은 항목을 위주로 점검해야 한다.

- 법인세는 얼마나 나오는가?
- 주주에게 상속세는 얼마나 과세되는가?
- 법인세와 주주상속세의 합계액이 상속세보다 줄어드는가?

2) 증여

법인이 증여를 받으면 앞의 상속에 대한 회계 처리처럼 증여받은 자산은 법인의 이익으로 되고 이에 대해 법인세가 과세된다. 이렇게 법인이 증여를 받게 되면 증여세율 대신 법인세율이 적용되어 전체적인 세수가 줄어들기 때문에 상증법에서는 이를 방지하는 차원에서 법인의 주주에 대해 추가로 증여세를 부과한다.

▶ 법인의 증여와 관련해서는 다음과 같은 항목을 위주로 점검해야 한다.

- 법인세는 얼마나 나오는가?
- 주주에게 증여세는 얼마나 과세되는가?
- 법인세와 주주증여세의 합계액이 개인 증여세보다 줄어드는가?

법인의 상속·증여취득가액은
어떻게 정할까?

법인이 상속이나 증여로 자산을 취득하면 재무상태표의 자산에 이를 등재한다. 물론 자산의 상대계정은 자산수증이익이 된다. 따라서 상속이나 증여재산을 재무제표에 어떤 식으로 반영하는지는 재무제표의 내용이나 세금 등에 지대한 영향을 미치게 된다. 다음에서 회계와 세무의 관점에서 이에 대해 정리해보자.

1. 회계

기업회계기준에서 유형자산의 경우 최초에는 취득원가로 측정하며, 현물출자, 증여, 기타 무상으로 취득한 자산은 공정가치를 취득원가로 한다.

여기서 공정가치는 시장가격을 말한다. 다만, 시장가격이 없는 경우에는 동일 또는 유사 자산의 현금거래로부터 추정할 수 있는 실현가능액이나 전문적 자격이 있는 평가인의 감정가액을 사용할 수 있도록 하고 있다.

2. 세무

1) 법인세법

법인세법 제41조에서는 내국법인이 매입·제작·교환 및 증여 등에 의해 취득한 자산의 취득가액에 관해 규정하고 있는데, 이 중 증여·상속 등에 대해서는 취득 당시의 시가를 취득가액으로 하도록 하고 있다.

▶ 만일 시가가 없는 경우에는 감정평가액, 감정평가액이 없으면 상증법 제61조(기준시가 등)의 순서로 취득가액을 산정한다. 다음의 해석을 참조하기 바란다.

· 법인이 무상으로 받은 토지의 가액은 해당 토지의 취득 당시의 시가에 의하며, 시가가 불분명한 경우에는 법인세법 시행령 제89조 제2항의 규정에 따라 감정평가법인이 감정한 가액에 의하고, 감정한 가액이 없는 경우에는 상증법 제61조의 규정에 따라 평가한 가액으로 한다(법인 46012-575, 1999.2.11. 및 서이-581, 2005.4.22).

2) 지방세법

지방세법 제10조의 2에서는 무상취득에 대한 취득세 과세 시 취득가액은 시가 인정액(매매사례가액 등)을 기준으로 한다. 다만, 상속과 증여 일부에 대해서는 예외를 적용한다. 이를 정리하면 다음과 같다.

구분	원칙	예외
상속	시가표준액	–
증여	시가 인정액	· 시가표준액 1억 원 이하인 부동산 : 시가표준액과 시가 인정액 중 선택 · 시가 인정액이 불분명한 경우 : 시가표준액

3) 법인세법과 지방세법상의 차이

법인세법상의 취득가액은 장부에 자산 가액으로 기재할 때 필요하며, 지방세법상의 취득가액은 취득세를 납부하는 데 필요하다.

3. 적용 사례

사례를 통해 앞의 내용을 알아보자. 다음 자료를 보고 물음에 답해보자.

| 자료 |
• 건물
• 기준시가 10억 원
• 시가 불분명

Q1. 이 건물을 법인이 상속이나 증여받을 때 취득가액은 어떻게 계산해야 하는가?

일단 앞에서 본 법인세법상의 내용에 따라 이를 정해야 한다.

• 시가는 불분명하므로 시가로 취득가액을 정할 수 없다.
• 감정평가를 받으면 이 금액으로 취득가액을 정하면 되나, 감정평가를 받지 않으면 이 가액을 취득가액으로 할 수 없다.
• 시가와 감정평가액이 없으므로 기준시가로 할 수밖에 없다.

Q2. 만일 기준시가로 취득가액을 정하면 자산수증이익도 10억 원이 된다. 이를 기준으로 법인세 신고를 하면 세무조사를 받을까?

시가나 감정평가액이 없다면 세무조사가 나오더라도 별 영향이 없다.

Q3. 지방세법상 취득세는 10억 원을 기준으로 내면 될까?

취득세도 시가나 감정평가액 등이 없으면 시가표준액(기준시가)에 맞춰 취득세를 낼 수밖에 없다.

| Tip | 세목별 부동산 평가법 | | |

구분	지방세	상속세·증여세	법인세
시가	원칙	원칙	원칙
매매사례가액, 감정평가액	취득일 전 6개월~후 3개월	· 상속세 : 상속개시일 전후 6개월 · 증여세 : 증여일 전 6개월 후 3개월	감정평가액*
재산평가심의위원회 심의가액	취득세 신고기한 다음날~6개월	· 상속세 신고기한 다음날~9개월 (증여는 6개월)	기준시가

* 법인의 경우에는 시가의 범위가 다른 세목에 비해 넓어 감정평가를 받은 경우가 일반적이다. 이에 대한 자세한 내용은 저자의 ≪가족 간 부동산 거래 세무 가이드북≫을 참조하기 바란다.

취득세 등 부대비용은
얼마일까?

법인이 자산을 상속이나 증여받을 때 자산수증이익이 발생하지만, 취득하는 법인에서는 취득세 등 부대비용을 지출해야 한다. 다음에서는 취득세를 포함한 부대비용에 대해 간략히 정리해보자.

1. 취득 관련 부대비용

1) 취득세
법인이 부동산을 취득하면 다음과 같이 취득세가 부과된다.

① 주택 외 부동산을 상속이나 증여로 취득하는 경우

구분	취득가액	세율			
		취득세율	농특세율	지방교육세율	계
상속	시가표준액	2.8%	0.2%	0.16%	3.16%
증여	· 원칙 : 시가 인정액 · 예외 : 시가표준액	3.5%	0.2%	0.3%	4.0%

참고로 법인이 상속이나 증여로 주택 외 부동산을 취득하면 중과세는 적용되지 않는다. 법인 취득세 중과세는 주로 대도시 내에서 승계취득이나 원시취득한 경우에 발생하기 때문이다.

② 주택을 상속이나 증여로 취득하는 경우

구분	취득가액	세율			
		취득세율	농특세율	지방교육세율	계
상속	시가표준액	2.8%	0.2%	0.16%	3.16%
증여	·원칙 : 시가 인정액 ·예외 : 시가표준액	3.5%	0.2%	0.3%	4.0%
		12%*	1.2%(0%)	0.4%	13.4% (12.4%)

* 법인이 조정대상지역 내의 시가표준액 3억 원 이상의 주택을 증여받으면 취득세율이 12%까지 올라간다(괄호 안은 전용면적 85㎡ 이하의 주택). 따라서 주택의 증여 시에는 취득세 중과세 및 종부세(2.7~5.0%)를 고려하는 것이 좋다.

2) 채권할인료

부동산을 상속이나 증여로 취득한 경우에는 국민주택채권을 구입해야 하며, 이를 만기 전에 매도할 경우 채권할인료가 발생한다. 이에 대한 자세한 내용은 '주택도시기금' 홈페이지에서 알 수 있다.

3) 기타 수수료 등

이 외 등기 등을 할 때 관련 수수료가 발생한다.

2. 적용 사례

K 법인은 다음과 같은 부동산을 무상으로 취득하려고 한다. 물음에 답해보자.

Q1. 상속으로 취득할 경우 주택에 대한 취득세는?

상속의 경우 시가표준액이 취득가액이 되며 세율은 일반적으로 2.8%가 된다(지방교육세 등 포함 시 최대 3.16%). 따라서 3억 원에 2.8%를 적용하면 840만 원이 된다.

Q2. 증여로 취득할 경우 주택에 대한 취득세는?

증여의 경우에는 원칙적으로 시가 인정액을 기준으로 취득세가 부과된다. 다만, 시가 인정액이 불분명하면 시가표준액을 기준으로 과세한다. 세율은 3.5%(지방교육세 포함 시 최대 4.0%)가 적용된다. 따라서 사례의 경우에는 5억 원의 3.5%인 1,650만 원의 취득세가 나온다.

▶ 조정대상지역 내의 시가표준액이 3억 원 이상인 주택을 증여받으면 취득세율이 최대 12%까지 나올 수 있다.

Q3. 취득세는 재무상태표에 어떤 식으로 표시될까?

자산의 취득가액으로 표시된다.

Tip	상가건물의 상속증여와 부가세		
구분		**원칙**	**예외**
상속		×	–
증여	100% 증여	○	×(포괄승계 시)
	일부 지분 증여	×(자본의 반환)	–

법인세는 어떻게 계산할까? (기본)

법인에 상속이나 증여를 하는 이유 중 하나는 바로 저렴한 법인세에 있다. 따라서 법인상속 등에 대한 정확한 의사결정을 위해서는 법인세 계산과정을 이해할 필요가 있다. 다음에서 법인의 결산과 법인세 계산 과정에 대해 간략히 알아보자.

1. 법인의 결산과 법인세 계산

다음 표에서 회계 부분은 기업의 결산을 통해 당기순이익을 도출하는 과정을 말하며, 세무는 세법에 기초해 과세소득을 산출하는 과정을 말한다.

구분		금액	비고
회계	매출액		
	-매출원가		
	=매출총이익	×××	
	-판매관리비 　직원급여 　기타비용		

회계	=영업이익	×××	
	+영업외수익 　자산수증이익		상속이나 증여로 받은 이익
	−영업외비용 　유형 자산처분손실 　지급이자		
	=당기순이익	×××	
세무	±세무조정		
	=각 사업 연도소득 금액	×××	
	−이월결손금 등		
	=과세표준	×××	
	×세율		9~24%
	−누진공제		
	=산출세액	×××	
	=세액공제, 세액감면 등		
	=결정세액	×××	지방소득세 별도

이처럼 현행 법인세는 기업회계에서 산출된 당기순이익을 기초로 도출됨을 알 수 있다.

2. 적용 사례

사례를 통해 앞의 내용을 확인해보자. 다음 자료를 보고 물음에 답해보자.

| 자료 |
• 1년간의 당기순이익 : 9억 원
• 세법상 인정되지 않은 비용 1억 원이 당기순이익에 포함됨.
• 5년 전에 발생한 결손금 : 5억 원

Q1. 이 법인의 각 사업연도 소득금액은?

각 사업연도 소득금액은 당기순이익에 세무조정을 가감한 금액이 되므로 사례의 경우 10억 원이 된다. 당기순이익은 수입에서 비용을 차감해서 계산하는데, 비용 중 1억 원은 세법상 인정되지 않는다. 따라서 세법 측면에서 보면 이 법인의 당기순이익은 10억 원이 되어야 한다.

Q2. 이 법인의 과세표준은?

앞에서 계산된 소득금액에서 이월결손금을 차감한 5억 원이 된다. 이월결손금은 전년도 이전에 발생한 손실금으로 세법은 15년* 간 이월하여 공제해준다.

* 2020년 전은 10년을 적용했다.

Q3. 이 법인의 법인세 예상액은? 지방소득세를 포함하면?

과세표준이 5억 원이므로 19%의 세율과 2,000만 원의 누진공제를 적용하면 법인세는 7,500만 원이고 지방소득세는 이의 10%이므로 750만 원이 된다. 따라서 총 법인세는 8,250만 원이 된다.

법인의 잉여금은 주주들에 대한 배당 재원으로 사용될 수 있다. 다음에서 배당 시의 절차에 대해 알아보자.

절차	내용
배당기준일 확정	배당기준을 확정하고 2주 전에 공고(정관에 배당기준일이 정해진 경우 공고 생략 가능)
▼	
이사회 결의	이익처분 내용 확정
▼	
주주총회 개최	주주총회소집(1인 주주는 생략 가능)
▼	
배당금 지급	주주총회 결의일로부터 1개월 내
▼	
원천징수 이행 및 지급명세서 제출	· 원천징수 세율 : 14%(15.4%)[*] · 원천징수이행상황신고서 제출 : 지급일이 속한 달의 다음 달 10일 · 지급명세서 제출 : 지급일이 속한 다음연도 2월 말일
▼	
종합소득세 신고	다음 해 5월 중

[*] 배당금을 지급할 때 14%(지방소득세 포함 시 15.4%)를 원천징수하며, 이자소득과 배당소득을 합한 금액이 연간 개인별로 2,000만 원 초과 시 금융소득 종합과세가 적용된다.

자산수증이익이 추가될 경우의 법인세 계산법

이제 앞의 내용을 조금 더 확장해서 법인이 상속이나 증여를 받은 경우를 가정해 법인세를 계산하는 방법을 알아보자. 참고로 법인이 무상으로 취득한 자산은 유형자산과 자산수증이익으로 표시된다.

1. 기존법인이 취득하는 경우

1) 이익이 많은 상태

기존법인이 개인으로부터 상속이나 증여를 통해 자산을 취득한 경우에는 해당 자산의 취득가액이 바로 자산수증이익이 된다. 따라서 기존법인의 이익과 자산수증이익이 합산되어 과세된다.

▶ 따라서 이러한 법인이 상속 등을 받으면 법인세를 낼 수밖에 없다.

2) 결손이 난 상태

기존법인이 사업 운영 중에 결손금이 있는 상태에서 자산수증이익이 발생하면 결손금과 자산수증이익이 상계된다. 따라서 이렇게 되면 법인세가 줄어드는 효과를 얻을 수 있다.

▶ 법인세는 줄어들지만, 주주에 대한 증여세 과세 여부를 검토해야 한다.

2. 신규법인이 취득하는 경우

신규법인이 자산을 상속이나 증여받으면 해당 자산수증이익에 대해서는 법인세가 그대로 과세된다.

▶ 자산수증이익은 신규법인에서 발생한 비용(인건비 등)과 상계처리된다.

3. 적용 사례

사례를 통해 앞의 내용을 확인해보자. 다음 자료를 보고 물음에 답해보자.

| 자료 |
* 1년간의 당기순이익 : 5억 원(자산수증이익 5억 원 포함)
* 회계상의 이익과 세법상의 소득금액이 일치함.
* 5년 전에 발생한 결손금 : 5억 원

Q1. 이 법인의 각 사업연도 소득금액은?

각 사업연도 소득금액은 당기순이익에 세무조정을 가감한 금액이 되므로 사례의 경우 5억 원이 된다. 회계상의 이익이 세법상의 소득금액과 일치하므로 세무조정을 할 필요는 없다.

Q2. 이 법인의 과세표준은?

앞에서 계산된 소득금액 5억 원에서 이월결손금 5억 원을 차감하면

0원이 된다.

Q3. 이 법인의 법인세는 나오지 않는다. 그렇다면 기타 세무상 문제점은 없는가?

개인의 재산을 법인에 상속이나 증여하면 자산수증이익에 대한 법인세 외에도 해당 법인의 주주에 대한 상속세와 증여세 납부의무에 대해 추가로 정리해야 한다.

- 주주의 상속세 납부의무→영리법인이 상속을 받은 경우에 발생
- 주주의 증여세 납부의무→영리법인이 증여를 받은 경우에 발생

▶ 이에 대한 자세한 내용은 다음에서 차근차근 알아본다.

영리법인 상속 시 주주에 대한 상속세는 어떻게 계산할까?

주주에 대한 상속세 납부의무는 영리법인에 상속할 것인가 말 것인가를 결정하는 아주 중요한 변수가 된다. 따라서 독자들은 이에 대한 과세요건을 명확히 이해하는 것이 중요하다. 다음에서 이에 대해 알아보자.

1. 주주에 대한 상속세 납부의무

영리법인이 사인증여나 유증을 통해 상속을 받으면 법인세를 내는 것으로 납세의무가 종결되는 것이 원칙이다. 다만, 상속을 받은 법인의 주주 중 상속인과 그 직계비속이 있으면 해당 주주들에게 상속세를 부과한다. 이때 납부금액은 다음과 같이 정한다(상증법 제3조의 2).

> 영리법인의 상속재산에 대한 상속세 상당액*−(영리법인의 상속재산×10%**)]×
> 상속인과 그 직계비속의 주식 또는 출자지분의 비율***

* 전체 상속세를 계산한 후 유증비율로 안분하는 것이 원칙임(사전 증여재산가액이 있는 경우에는 별도의 산식을 이용해야 함).
** 이는 법인세와의 이중과세를 조정하기 위한 것으로 상증법에서는 10%로 정해져 있음(법인증여 시 증여이익 계산과는 차이가 있음).
*** 상속인과 그 직계비속 중 각 주주별로 상속세 납부액을 산출함.

2. 적용 사례

사례를 통해 앞의 내용을 확인해보자. 다음 자료를 보고 물음에 답해
보자.

| 자료 |
- 피상속인 K 씨는 영리법인(주주 자녀 60%, 며느리 40%)에 10억 원을 유언으로 증여
  했음.
- 해당 법인은 자산수증이익에 대해서는 법인세를 납부했음. 자산수증이익에 대한 법
  인세는 대략 2억 원 선임.
- K 씨의 총 상속세는 20억 원으로 이 중 영리법인의 상속재산에 해당하는 상속세는
  4억 원* 임.

  * 총 상속세는 20억 원이고 영리법인분 상속세는 4억 원이므로 유증비율은 20%로 추산됨.

Q1. K 씨에 대한 상속세는 어떤 식으로 납부하는가?

총 상속세 20억 원 중 4억 원을 제외한 16억 원을 개인 상속세로 납
부한다. 영리법인에 상속한 재산에 대해서는 상속세를 면제받는다. 법
인은 법인세로 내기 때문이다.

Q2. 주주들에 대해서는 상속세가 면제되는가?

영리법인이 면제받은 상속세 상당액에 대해서는 그 영리법인의 주주
가 상속인과 직계비속일 때만 상속세를 부담하도록 하고 있다.

▶ 주주의 구성이 중요함을 알 수 있다.

Q3. 사례의 경우 주주들이 부담해야 할 상속세는 얼마인가?

주주의 상속세는 앞에서 본 식을 이용해 계산한다. 다음의 표로 정리
해보자.

구분	상속세 납부액	비고
자녀	[4억 원-(10억 원×10%)]×60%=1.8억 원	해당 금액은 주식의 취득가액에 가산됨.*
며느리	해당 사항 없음.	며느리는 상속인과 그 직계비속에 해당하지 않음.

* 향후 양도 등을 하면 취득가액에 가산되므로 잊지 않도록 하는 것이 좋다.

영리법인 상속으로 상속세는 4억 원이 줄어들었지만, 법인세와 주주에 대한 상속세가 추가됐다. 이를 정리하면 다음과 같다.

① 영리법인 상속으로 줄어드는 상속세 : 4억 원
② 영리법인 상속으로 늘어나는 세금 : 3.8억 원
  -법인세 : 2억 원
  -주주의 증여세 : 1.8억 원
③ ①-②=0.2억 원

Q4. 이 사례에서 얻을 수 있는 교훈은?

영리법인에 대한 상속 시 상속세는 줄어드나 법인세가 증가할 수 있으며 주주에 대한 상속세가 추가될 수 있다. 따라서 영리법인에 대한 절세효과를 극대화하기 위해서는 다음과 같은 점을 고려해야 한다.

• 법인세를 최대한 낮춰야 한다→결손금을 활용하거나 비용을 추가하는 방법 등을 고려한다.
• 주주를 상속인과 그 직계비속 외의 자를 위주로 구성한다.→이에 대한 자세한 내용은 부록 등에서 살펴본다.

영리법인 증여 시 주주에 대한 증여세는 어떻게 계산할까?

주주가 증여세를 납부해야 하는 경우를 알아보자. 주주증여세 문제는 영리법인에 증여할 것인가 말 것인가를 결정하는 아주 중요한 변수가 된다. 따라서 독자들은 이에 대한 과세요건을 명확히 이해하는 것이 중요하다. 다음에서 이에 대해 알아보자.

1. 주주에 대한 증여세 납부의무

영리법인이 개인으로부터 증여를 받으면 법인세를 내는 것으로 납세의무가 종결되는 것이 원칙이다. 다만, 증여를 받은 법인의 주주에 대해서는 다음의 금액을 증여세로 과세한다.

1) 증여이익

특정 법인*의 이익**×특정 법인의 지배주주 등이 직접 또는 간접으로 보유하는 주식보유비율

* 지배주주와 그 친족이 직접 또는 간접으로 보유하는 주식보유비율이 100분의 30 이상인 법인을 말한다. 가족법인이 이에 해당한다.

** 법인의 증여재산가액에서 증여재산에 대한 법인세 상당액을 차감한 금액을 말한다. 이는 구체적으로 다음과 같이 계산한다(상증령 제34조의 5 제4항).

> • 증여재산가액−법인세 산출세액(세액공제와 감면 차감)×(증여재산가액/각 사업연도 소득금액)*
> * 자산수증이익을 포함한 법인의 모든 소득에 대한 법인세 산출세액을 계산한 후 증여재산가액을 각 사업연도 소득금액으로 나눈 법인세를 차감한다.

2) 증여세 과세

증여세 과세를 위해서는 구체적인 과세방법 등이 정해져야 한다. 이에 대해서는 상증령 제34조의 5를 참조해야 한다.

① 증여세 과세방법

• 증여이익은 증여일을 기준으로 계산한다.
• 특정 법인의 주주들이 증여받은 것으로 보는 경우는 같은 항에 따른 증여의제 이익이 1억 원 이상인 경우로 한정한다.
• 앞에서 1억 원 이상인지 아닌지는 각 증여일로 판정하는 것이 아니라, 최종 증여일로부터 소급해서 1년 이내에 동일한 거래에서 발생한 이익을 합산한다. 다음의 해석을 참조하기 바란다.

※ 서면 상속증여 2018-2262, 2018.08.14

상증법 제45조의 5 제1항을 적용할 때 특정 법인의 주주들이 증여받은 것으로 보는 경우는 같은 법 시행령 제34조의 4 제4항에 따른 특정 법인의 이익에 같은 조 제5항 각 호의 구분에 따른 비율을 곱하여 계산한 금액이 1억 원 이상인 경우로 한정하여 증여세가 과세되는 것임. 다만, 이 경우 같은 법 시행령 제32조의 4 제11호에 따라 같은 법 제45조의 5 제2항 각 호의 거래에 따른 이익별로 구분하여 그 거래일부터 소급하여 1년 이내에 동일한 거래 등이 있는 경우에는 각각의 거래 등에 따른 이익별로 합산하여 1억 원 이상인지 아닌지를 판단하는 것임.

• 증여한 자가 특정 법인의 주주에 해당하면 이에 대해서는 증여세가

과세되지 않는다(본인이 본인에게 증여하는 것에 해당하기 때문임).

② 증여세 과세 한도액

주주에게 과세되는 증여세는 다음과 같은 한도가 있다.

> 주주에게 직접 증여한 경우의 증여세 상당액 – 법인세 상당액*
>
> * 법인세 상당액=법인세 산출세액×(증여재산가액÷각 사업연도 소득금액)×
>   해당 주주의 지분율

▶ 상증법 제45조의 5에 따라 주주에게 증여세를 과세할 때는 개인의 증여세
에서 법인세를 차감한 잔액을 한도로 한다. 이중과세를 방지하려는 조치에 해당한
다.

2. 적용 사례

사례를 통해 앞의 내용을 확인해보자. 다음 자료를 보고 물음에 답해
보자.

> **| 자료 |**
> · K 씨는 2024년 이후에 현금 50억 원을 A 법인에 증여함.
> · A 법인의 주주구성 : K 씨 50%, 자녀 50%
> · A 법인의 2024년 각 사업연도 소득 50억 원, 법인세 산출세액 10억 원
> · 자녀는 K 씨로부터 직접 증여받은 적이 없음.

Q1. 이 법인은 상증법 제45조의 5에서 규정하고 있는 특정 법인에 해당하
는가?

그렇다. A 법인은 지배주주 등의 직접·간접 주식보유비율이 30% 이
상이므로 특정 법인에 해당한다.

Q2. 특정 법인의 이익은 얼마인가?

특정 법인의 이익은 증여이익을 계산하는 것으로 다음과 같이 계산한다. 즉 아래의 40억 원이 특정 법인이 얻은 이익에 해당한다.

- 증여재산가액-법인세 산출세액(세액공제와 감면 차감)×(증여재산가액/각 사업연도 소득금액)=50억 원-10억 원×(50억 원/50억 원)=40억 원

Q3. 특정 법인과의 거래를 통한 지배주주 등의 증여이익은 얼마인가?

- 자녀 : 특정 법인의 이익 40억 원×자녀의 주식보유비율 50%=20억 원

참고로 K 씨는 본인이 본인에게 증여한 결과가 되므로 K 씨는 증여받은 금액은 없다.

Q4. 만일 20억 원을 자녀가 직접 증여받은 경우의 증여세는 얼마인가? 증여공제는 5,000만 원을 적용한다.

- 과세표준=증여재산가액 20억 원-증여공제 5,000만 원=19억 5,000만 원
- 증여세 산출세액=과세표준×40%-1억 6,000만 원=6억 2,000만 원

Q5. 사례에서 주주인 자녀는 얼마를 증여세로 내야 하는가?

앞에서 계산된 6억 2,000만 원에서 법인세 상당액을 차감한 금액을 납부해야 한다.

- 법인세 상당액=10억 원×(50억 원/50억 원)×50%(자녀의 지분율)=5억 원

따라서 사례의 경우 1억 2,000만 원(6억 2,000만 원-5억 원)에 대해 주주인 자녀가 증여세를 내야 한다.

Q6. 이 사례에서 얻을 수 있는 교훈은?

영리법인에 대한 증여 시 법인세가 증가할 수 있으며 주주에 대한 증여세가 추가될 수 있다. 따라서 영리법인에 대한 절세효과를 극대화하기 위해서는 다음과 같은 조치가 필요하다.

- 법인세를 최대한 낮춰야 한다→결손금을 활용하거나 비용을 추가하는 방법 등을 고려할 수 있다.
- 주주에 대한 증여세를 내지 않으려면 소급해서 1년간 증여이익을 1억 원 미만으로 해야 한다.
- 각 주주별로 1억 원 미만의 증여이익을 만들기 위해서는 주주구성이 중요하다.→이에 대한 자세한 내용은 부록 등에서 살펴본다.

개인이 영리법인에 상속이나 증여를 하는 경우 일차적으로 법인의 자산을 증가시키는 한편, 이차적으로 해당 법인주주의 재산에도 영향을 준다. 법인의 주인은 실질적으로 주주이기 때문이다. 이러한 관점에서 법인상속이나 증여 시 해당 주주에게 상속세와 증여세 납세의무를 추가하는데 다음에서 이 둘을 비교해보자.

1. 주주에 대한 상속세와 증여세 납세의무 비교

구분	상속	증여
개념	영리법인 상속 시 주주는 상속세 납세의무 부담	영리법인 증여 시 주주는 증여세 납세의무 부담
적용대상 주주	주주가 상속인 또는 그 비속인 경우 예) 1. 상속인 : 배우자, 자녀, 대습상속인 손·자녀 2. 비속 : 손·자녀	증여자와 특수관계에 있는 지배주주 등 예) 1. 4촌 이내의 혈족 2. 3촌 이내의 인척 3. 배우자(사실상의 혼인 관계에 있는 자를 포함한다) 4. 친생자로서 다른 사람에게 친양자 등으로 입양된 자 및 그 배우자·직계비속 등
	며느리, 사위 등은 제외	며느리, 사위 등 포함
계산	(영리법인 상속분 상속세−상속재산×10%)×지분율	(증여재산가액−증여재산 법인세 상당액)×지분율
한도	있음(위 산식 참조).	있음(위 산식 참조).

2. 영리법인 증여와 상속세 합산과세

영리법인에 증여 후 증여자가 사망한 경우에는 상속세 합산과세를 적용한다.

1) 영리법인

상속세 합산과세 기간은 5년이므로 상속개시일로부터 소급해서 5년을 벗어난 증여금액은 합산하지 않는다. 만일 5년 이내에 증여받은 가액이나 이익이 있다면 이는 합산과세의 대상이 된다.

2) 영리법인의 주주

상속세 합산과세 기간은 10년(상속인 외의 자는 5년, 이하 동일)이므로 상속개시일로부터 소급해서 10년을 벗어난 증여금액은 합산하지 않는다. 만일 10년 이내에 증여받은 가액이나 이익이 있다면 이는 합산과세의 대상이 된다.

▶ 영리법인에 증여 시 상속세 합산과세를 피하기 위해서는 영리법인은 5년, 주주는 10년(5년) 이내에 증여세가 과세되는 이익 등이 발생하지 않도록 관리하는 것이 좋다.

※ 법인증여 시 상속세 합산과세 기간

구분		합산과세 기간	합산 시 증여세액공제
수증법인		5년	적용(증여세 산출세액을 공제)
수증 법인의 주주	상속인	10년*	적용
	상속인 외	5년	적용

* 5년 이내에 합산과세가 되는 경우 법인에 대한 증여재산만 상속재산가액에 합산함. 즉 주주에 대한 증여이익에 대해서는 합산을 하지 않음.

제5장

개인과 법인의
상속선택과 실행절차

상속에 대한
개인과 법인의 과세구조

현재 시점에서 개인의 상속세율이 30%를 넘어 40% 이상이 되면 증여를 포함해 재산분산대책을 미리 세우는 것이 일반적이다. 하지만 이러한 방법도 한계가 있는 만큼 이때 법인상속을 포함해 대책을 세우는 것이 좋다. 이때 일부를 법인에 유증하는 식이 된다. 다음에서는 영리법인 상속에 대한 의사결정에 앞서 상속에 관한 개인과 법인의 과세구조 등을 비교해보고자 한다. 상속의 경우 개인은 상속세, 법인은 법인세를 내지만 이에 대한 과세구조 및 기타 신고제도 등에서도 많은 차이가 있다.

1. 상속세와 법인세의 과세구조

1) 상속세와 법인세

상속세는 상증법에서 정하는 방식에 의해 산출세액을 계산한다. 반면 법인세는 법인세법에 따라 상속재산가액에 대해 법인세를 계산한다.

상속세	법인세	비고
상속재산가액*	상속재산가액	시가평가원칙
+사전 증여재산가액(10년/5년**)		
−채무, 공과금		
=상속세 과세가액		
−상속공제		
=과세표준		
×세율(10~50%)	×세율(9~24%)	법인세는 지방소득세가 추가됨.
=산출세액	=산출세액	

* 상속재산가액은 원칙적으로 시가로 평가한다. 이 점은 법인세도 같다.
** 상속개시일 전 소급해서 5년 이내에 법인에 증여한 재산가액을 상속재산가액에 합산한다. 이때 증여세 산출세액 상당액(법인세 상당액이 아님에 유의할 것)은 기납부세액으로 차감된다.

2) 법인주주에 대한 상속세

영리법인이 받은 상속재산가액에 대해서는 일차적으로 법인세가 발생하나, 그 법인의 주주가 상속인 또는 그 비속에 해당하면 상속인 등에게 추가로 상속세를 부과한다.

2. 적용 사례

사례를 통해 앞의 내용을 확인해보자. 다음 자료를 보고 물음에 답해보자.

| 자료 |
· 상속재산가액 50억 원
· 상속공제액 20억 원

Q1. 상속세는 얼마나 예상되는가?

과세표준 30억 원에 40%(누진공제 1.6억 원)를 차감하면 10억 4,000만 원가량 예상된다.

Q2. 50억 원을 법인에 상속하거나 증여하면 법인세는 얼마나 예상되는가?

50억 원에 19%(누진공제 2,000만 원)를 적용하면 9억 3,000만 원(지방소득세 포함 시 10억 2,300만 원)이 된다.

Q3. 앞의 두 결과를 비교하면 큰 차이가 없다. 어떤 이유에서인가?

상속세의 경우 상속재산가액에서 상속공제가 차감됐으나, 법인의 경우에는 이 공제를 적용받지 못한 것이 주요 원인에 해당한다. 이러한 원리는 법인상속을 선택할 때 중요한 요소가 될 수 있다. 재산이 많고 상속공제액은 적어 상대적으로 상속세가 많이 나오는 상황에서 법인상속의 유용성이 있기 때문이다.

Tip	상속세와 법인세의 신고방법	
구분	**상속세**	**법인세**
신고·납부기한	상속개시일이 속한 달의 말일로부터 6개월 등	다음 해 3월(12월 말 법인)
관할 세무서	피상속인의 주소지 관할	법인 본점 주소지 관할
비고	사후검증이나 세무조사를 반드시 함.	정기조사에 따름.

개인 상속세
계산법

　영리법인에 대한 상속 의사결정을 위해서는 개인의 상속세 계산법에도 능통해야 한다. 상속세가 더 적게 나옴에도 불구하고 무턱대고 법인으로 상속을 추진하는 것은 잘못된 의사결정이 될 수 있기 때문이다. 다만, 실무에서 보면 상속세 계산이 녹록지 않다. 다양한 변수에 의해 상속세의 크기가 달라지기 때문이다. 따라서 정확한 계산을 위해서는 별도의 노력을 해야 한다.

1. 상속세 계산법

구분	금액	비고
상속재산가액		유증 금액 포함*
+사전 증여재산가액(10년/5년)		상속인 외의 자는 5년
−채무, 공과금		
=상속세 과세가액	×××	
−상속공제		5억~600억 원
=과세표준		
×세율(10~50%)		

=산출세액	×××	
−기납부세액		
=결정세액	×××	

* 법인 등에 유증한 금액을 포함해 상속세를 계산한 후, 법인의 유증비율만큼 상속세를 면제한다.

2. 상속공제제도

상속세에서 가장 핵심적인 제도는 바로 상속공제제도이다. 이는 상속세를 결정하는 결정적인 요소에 해당하기 때문이다. 다음 표를 보면 상속공제는 최소 5억 원에서 많게는 600억 원까지 적용됨을 알 수 있다(참고로 이 공제제도는 수시로 개정될 수 있다).

구분	금액	비고
기초공제	2억 원	
기타 인적공제	장애인 공제액 등	
일괄공제*	5억 원	
배우자상속공제	5억~30억 원 한도	배우자가 없는 경우 5억 원을 공제함.
가업상속공제**	300억~600억 원 한도	10년 이상 제조업 등을 영위하는 등의 요건 충족 시 적용
영농상속공제	30억 원 한도	
금융재산상속공제	2억 원 한도	
동거 주택상속공제	6억 원 한도	

* 기초공제와 기타공제 대신 받을 수 있는 공제를 말함.
** 제조업 등을 10년 영위한 상태에서 상속이 발생한 경우 가업상속공제를 최대 300~600억 원까지 적용함. 단, 공제요건이 까다로우므로 반드시 세무전문가를 통해 확인하기 바람(저자의 《상속·증여 세무 가이드북》을 참조하기 바람).

※ 재산이 많더라도 상속세가 적게 나오는 경우

개인 상속재산이 많더라도 다음과 같은 사유가 있으면 상속세가 적게 나온다.

- 배우자상속공제를 많이 받는 경우(5~30억 원 공제)
- 가업상속공제를 적용받는 경우(최대 600억 원 공제)
- 영농상속공제를 적용받는 경우(최대 30억 원 공제) 등

▶ 이 외에는 공제액이 그리 많지 않아 상속재산가액이 많으면 상속세가 많이 나오는 것이 일반적이다. 특히 배우자가 없는 경우가 그렇다.

3. 적용 사례

사례를 통해 앞의 내용을 확인해보자. 다음 자료를 보고 물음에 답해보자.

| 자료 |
- K 씨가 보유한 재산 : 30억 원(금융재산 10억 원 포함)
- 상속인 현황 : 배우자, 자녀2

Q1. 상속공제액은 얼마나 될까?

상속세를 계산할 때 상속재산가액을 파악했다면 그 이후에는 상속공제를 잘 결정하는 것이 중요하다. 사례의 경우 다음과 같이 상속공제액을 예상해볼 수 있다.

- 일괄공제 : 5억 원
- 금융재산상속공제 : 2억 원
- 배우자상속공제 : 12억 8,500만 원
  * 30억 원×(1.5/3.5)=약 12억 8,500만 원
- 계 : 19억 8,500만 원

Q2. 상속세 세율은?

30억 원에서 19억 8,500만 원을 차감하면 10억 1,500만 원이 과세표준이 된다. 따라서 세율은 40%(누진공제 1억 6,000만 원)가 적용되며 산출세액은 2억 4,600만 원이 된다.

Q3. 사례의 경우 법인상속을 할 이유가 있는가?

이처럼 상속재산가액이 크더라도 상속공제액이 큰 경우에는 굳이 법인상속을 추진할 필요성은 떨어진다.

Tip   상속세 개정 추진

정부와 여당을 중심으로 다음과 같이 상속세를 개편하려는 움직임을 보인다. 다시 한번 정리해보자.

① 상속세율 인하→과세표준 상향조정 및 세율 인하 추진

② 일괄공제 상향→5억 원에서 상향

③ 유산과세형→유산취득과세형으로 변경

④ 가업 승계 시점 과세→지분 매각 시 과세(자본이득세)로 변경

이 중 ③과 ④는 당장 추진하는 것은 한계가 있으나 ①과 ②는 국회의 동의를 얻어 바로 시행할 수 있다. 2024년 12월 정기국회 논의결과를 지켜봐야 할 것으로 보인다(2024년 7월 세제 개편안과 이에 대한 분석은 이 책의 마지막 부분을 참조하기 바란다).

법인 유증에 따른
상속세 면제세액 계산법

　법인에 유증한 상속재산은 상속세가 면제되는 대신 법인세로 과세된다. 그렇다면 이때 면제되는 상속세는 어떻게 계산할까? 이를 이해하는 것은 법인상속 의사결정 시 매우 중요한 역할을 한다.

1. 법인 유증에 대한 상속세 면제세액 계산방법

　개인의 상속세는 사전 증여한 재산이나 유증한 재산을 포함한 모든 상속재산에 대해 상속세를 계산한다. 이후 상속인 각자가 받을 재산을 기준으로 법에서 정한 비율에 따라 개인별 납부세액을 계산한다. 법인 유증에 대한 상속세 면제세액도 마찬가지다. 다음의 규정을 참조하자.

※ 상증법 제3조

　① 상속인(특별연고자 중 영리법인은 제외한다) 또는 수유자(영리법인은 제외한다)는 상속재산(제13조에 따라 상속재산에 가산하는 증여재산 중 상속인이나 수유자가 받은 증여재산을 포함한다) 중 각자가 받았거나 받을 재산을 기준으로 대통령령으로 정하는 비율(다음 집행기준 참조)에 따라 계산한 금액을 상속세로 납부할 의무가 있다.(2015.12.15 개정)

※ 상속세 집행기준 : 3의 2-3-1[상속인별 상속세 납부비율 계산방법]

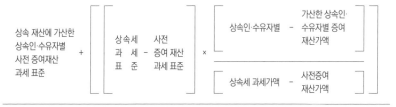

(상속세 과세표준 - 상속인 및 수유자가 아닌 자에게 증여한 사전증여재산 과세표준)

▶ 원래 상속세 납부비율은 상속세 산출세액에 대해 각자가 받은 재산가액을 기준으로 배분하면 되나, 사전 증여 등이 있는 경우에는 그 계산법이 복잡하게 변한다. 이 책에서는 유증비율 등 재산비율을 가지고 상속세를 안분하고 있다.

2. 적용 사례

사례를 통해 앞의 내용을 확인해보자. 다음 자료를 보고 물음에 답해 보자.

| 자료 |
• 상속세 과세가액* 50억 원
 * 과세가액은 상속재산가액에서 부채를 차감한 금액을 말함.
• 상속세 공제액 10억 원

Q1. 상속세 예상액은?

과세표준이 40억 원이고 세율은 50%(누진공제 4억 6,000만 원)를 적용하면 상속세는 15억 4,000만 원으로 예상된다.

Q2. 만일 사전 증여로 10억 원을 개인 또는 법인에 증여한 경우 상속세는 얼마나 줄어들까? 이때 사전 증여분은 상속세 합산과세가 적용되지 않는다고 하자.

10억 원의 50%인 5억 원이 줄어든다.

Q3. 만일 10억 원을 법인 유증을 통해 법인에 상속하면 상속세는 얼마나 줄어들까?

당초 상속세 15억 4,000만 원에 대해 유증 재산비율(10억 원/50억 원)[*]을 곱한 3억 800만 원 정도가 줄어들 것으로 예상한다.

[*] 사전 증여재산가액이 있는 경우에는 상증법 제3조에 따라 안분계산해야 한다.

Q4. 사전 증여를 하면 5억 원의 상속세가 줄어드는데, 법인 유증을 하면 3억 원 정도가 줄어든다. 왜 그런가?

증여의 경우에는 각자가 받은 금액을 기준으로 과세하는 방식(이를 유산취득과세형이라고 함)을 취하고 있으나, 상속의 경우에는 유산 전체에 대해 과세하는 방식(이를 유산과세형이라고 함)을 취하고 있기 때문이다.

│ 추가분석 │

Q5. 만일 상속세 과세방식이 유산과세형에서 유산취득과세형으로 바뀌면 앞의 결과는 어떻게 바뀔까?

이렇게 하면 사전 증여한 것과 같은 효과를 누릴 수 있다. 즉, 법인에 유언으로 증여한 금액은 상속세와 무관하므로 상속세가 5억 원이 줄어든다.

※ 서식으로 본 상속세 면제세액

다음의 상속세 신고서식을 보면 법인유증금액을 포함해 상속세를 계산한 다음 영리법인에 유증한 재산비율에 해당하는 상속세를 면제한다.

상속세과세표준신고 및 자진납부계산서
[　]기한 내 신고, [　]수정신고, [　]기한 후 신고

※ 뒤쪽의 작성방법을 읽고 작성하시기 바랍니다. (앞쪽)

구분	금액	구분		금액
⑰ 상속세과세가액			유증 등 재산가액	
⑱ 상속공제액		영리 법인 면제	면제세액 (「상속세 및 증여세법」 제3조 의 2)	
⑲ 감정평가수수료			㉟ 면제분 납부세액 (합계액)	
⑳ 과세표준 (⑰-⑱-⑲)			㊱ 공제·면제 후 납부할 세액 (㉔+㉕-㉖-㉗+㉟)	
			㊲ 가업상속 납부유예 세액	
㉑ 세율			㊳ 신고불성실가산세	
			㊴ 납부지연가산세	
㉒ 산출세액			㊵ 납부할 세액(합계액) (㊱-㊲+㊳+㊴)	

법인상속(자산수증이익)과
세금 계산법

앞에서 본 것과 같이 상속재산가액이 많더라도 상속공제액이 많으면 굳이 법인상속을 추진할 이유는 없다. 이러한 상황에서 법인상속을 추진하면 세금도 떨어지지 않는 한편, 절차만 복잡해질 수 있기 때문이다. 그래서 법인상속은 통상 개인 상속세가 많이 예상되는 상황에서 추진할 수 있는 대안이 될 수밖에 없다. 다음에서 법인상속 시 세금계산법을 알아보자.

1. 법인상속과 세금

법인이 상속을 받으면 법인세와 주주에 대한 상속세 납세의무가 있다는 것을 앞에서 살펴보았다.

2. 적용 사례

다음 자료를 보고 물음에 답해보자.

• 상속개시일 현재의 재산가액 : 20억 원
• 자녀에게 증여한 재산가액 : 5억 원(5년 전)
• 법인에 증여한 재산가액 : 5억 원(6년 전)
• 상속공제액 : 15억 원

Q1. 상속재산가액은?

상속개시일 현재의 재산가액 20억 원과 자녀에게 증여한 재산가액 5억 원을 합하면 25억 원이 된다.

▶ 법인에 증여한 재산가액은 상속재산가액에 합산되지 않는다. 5년이 지났기 때문이다.

Q2. 상속세 산출세액은 얼마인가?

과세표준은 25억 원에서 상속공제액 15억 원을 차감한 10억 원이 된다. 이에 30%의 세율과 6,000만 원의 누진공제를 적용하면 산출세액은 2억 4,000만 원이 된다.

Q3. 만일 5억 원 상당액의 자산을 유증을 통해 법인에 상속했다고 하자. 이 경우 총 세금은 어떻게 변할까?

① 개인 상속세

당초 상속세는 2억 4,000만 원이고 이에 유증한 재산비율(5억 원/25억 원)을 곱한 4,800만 원을 제외하면 1억 9,200만 원이 된다.

② 법인상속 시 법인세 등

• 법인은 자산수증이익 5억 원을 포함한 1년간의 소득에 대해 9~24%의 세율로 법인세를 계산한다. 따라서 법인세는 법인의 상황에 따라 달라진다. 여기에서는 8,000만 원이 나온다고 하자.
• 법인의 주주가 상속인 등이 해당하면 주주에 대해 상속세가 나오므로 이를 계산해야 한다.

③ 총 세금

• 개인 상속세 1억 9,200만 원+법인세 8,000만 원(가정)+주주상속세 (불분명)=2억 7,200만 원 이상

▶ 이 사례의 경우 법인상속이 개인 상속보다 불리함을 알 수 있다. 이는 다음과 같은 이유에 기인한다.

• 법인 유증을 통한 상속세 절세액이 생각보다 크지 않기 때문이다. 이는 법인 유증분을 포함해 상속세를 계산한 후 이를 다시 법인상속분과 개인 상속분으로 안분하는 과세방식(유산과세형)에 기인한다.
• 법인세는 공제 없이 재산가액에 바로 세율을 곱하기 때문이다.

Q4. Q3의 답변에 대해 총평을 한다면?

법인에 대한 상속은 개인 상속세를 줄여주나 법인세와 주주에 대한 상속세가 나올 수 있다. 따라서 법인상속을 위해서는 전자에서 후자를 차감한 금액이 커야 한다.

개인과 법인의
상속선택 의사결정

지금까지 검토한 내용을 종합하면, 법인상속이 유리하려면 법인상속으로 인해 줄어드는 상속세가 법인세와 주주상속세의 합계액보다 많아야 함을 알 수 있다. 따라서 그 반대가 되면 당연히 법인상속을 추진하면 안 된다. 다음에서는 개인과 법인의 상속을 어떤 식으로 선택할 것인지 실무자의 관점에서 정리해보자.

1. 개인 상속 대 법인상속의 결정

다음의 표에서 ①이 ②보다 큰 경우에는 법인상속이 유리함을, 그 반대가 되면 개인 상속이 유리함을 나타낸다.

현행	법인상속 후			
개인 상속세	개인 상속세*	법인세	주주상속세	계
①				②

* 현행 개인 상속세 중 법인상속분에 대한 상속세 면제세액을 차감한 후의 잔액을 말한다. 면제받은 개인 상속세는 법인세와 주주상속세로 대체되는 효과가 발생한다.

※ 개인 상속 대 법인상속 의사결정

상속세율이 30%를 초과할 것으로 예상하는가?	▶ NO	개인 상속 및 증여 검토

▼ YES

사전 증여 등을 통해 상속세율을 30% 이하로 줄일 수 있는가?	▶ YES	개인 상속 및 증여 검토

▼ NO

법인상속 및 증여 검토*

* 이 경우에도 무조건 법인을 통한 상속과 증여를 검토하는 것이 아니라 개인 상속과 증여를 병행 검토해야 한다. 법인상속과 증여는 어디까지나 개인 상속과 증여에 대한 하나의 대안에 해당하기 때문이다.

2. 적용 사례

K 씨는 75세로 다음과 같은 재산을 보유하고 있다. 물음에 답해보자.

| 자료 |
* 총 재산 : 50억 원
* 10년 후 상속 시 상속공제 예상 : 20억 원

Q1. 적용되는 세율은 얼마나 되는가?

과세표준이 30억 원이므로 적용되는 세율은 40%로 예상된다.

Q2. 상속세 산출세액은 얼마나 되는가?

30억 원의 40%에서 누진공제 1억 6,000만 원을 차감하면 10억 4,000만 원이 된다.

Q3. 상속재산 중 20억 원을 법인에 유증한다고 하면 전체적인 세금은 어떻게 변할까? 단, 법인은 신설법인이며, 주주는 배우자와 자녀 2명이 균등하게 지분을 보유하고 있다.

현행	법인상속 후			
개인 상속세	개인 상속세	법인세	주주상속세	계
10억 4,000만 원	6억 2,400만 원*	3억 9,600만 원**	2억 1,600만 원***	12억 3,600만 원

* 10억 4,000만 원×(30억 원/50억 원)=6억 2,400만 원(이는 현행 개인 상속세 중 법인 유증에 따른 상속세 면제세액을 차감한 금액임. 상속세 면제세액은 법인세와 주주상속세로 대체됨)
** 20억 원×19%-2,000만 원=3억 6,000만 원(지방소득세 포함 시 3억 9,600만 원)
*** [10억 4,000만 원×(20억 원/50억 원)-20억 원×10%)]×1/3×3명=2억 1,600만 원

▶ 이 결과를 보면 현행 대비 법인상속이 1억 9,600만 원 정도 불리한 것으로 보인다.

| 추가 분석 |

앞의 K 씨의 상속공제액이 5억 원으로 예상된 경우를 분석해보자. 다음 자료를 보고 물음에 답해보자.

| 자료 |
* 총 재산 : 50억 원
* 10년 후 상속 시 상속공제 예상 : 5억 원

Q1. 적용되는 세율은 얼마나 되는가?

과세표준이 45억 원이므로 적용되는 세율은 50%에 해당한다.

Q2. 상속세 산출세액은 얼마나 되는가?

45억 원의 50%에서 누진공제 4억 6,000만 원을 차감하면 17억 9,000만 원이 된다.

Q3. 상속재산 중 20억 원을 법인에 유증한다고 하면 전체적인 세금은 어떻게 변할까? 단, 법인은 신설법인이며, 주주는 배우자와 자녀 2명이 균등하게 지분을 보유하고 있다.

현행	법인상속 후			
개인 상속세	개인 상속세	법인세	주주상속세	계
17억 9,000만 원	10억 7,400만 원*	3억 9,600만 원**	4억 9,600만 원***	19억 6,600만 원

* 17억 9,000만 원×(30억 원/50억 원)=10억 7,400만 원

** 20억 원×19%-2,000만 원=3억 6,000만 원(지방소득세 포함 시 3억 9,600만 원)

*** [17억 4,000만 원×(20억 원/50억 원)-20억 원×10%)]×1/3×3명=4억 9,600만 원

▶ 이 결과를 보면 현행 대비 법인상속이 1억 7,600만 원 정도 불리한 것으로 보인다.

Q4. 이상의 결과를 보고 법인상속에 대해 총평을 한다면?

법인상속을 하면 개인의 상속세는 줄어들지만, 법인세와 주주에 대한 상속세가 발생할 수 있다. 따라서 법인세를 최소화하는 한편, 주주에 대한 상속세가 발생하지 않을 때는 법인상속이 유리함을 알 수 있다. 따라서 이러한 조건을 충족하지 못하면 법인상속이 오히려 불리할 수 있음에 유의해야 한다. 한편 사례의 경우 상속세율이 높은 경우에 법인상속을 일부 선택하면 법인상속의 효과가 약간 더 커짐을 알 수 있다.

Tip 상속세 한계세율로 본 법인상속 검토 시점

상속세 과세표준	상속세율	법인세율	법인상속 검토 여부
1억 원 이하	10%	9%	개인 상속 검토
2억 원 이하	20%		
5억 원 이하	20%	19%	법인상속 검토
10억 원 이하	30%*		
30억 원 이하	40%		
30억 원 초과	50%		
200억 원 이하			
3,000억 원 이하		21%	
3,000억 원 초과		24%	

* 개인 상속세율이 30%를 벗어난 시점(40%)부터 법인상속을 고려하는 것이 좋다(저자의 의견). 물론 30%를 초과했다고 해서 무조건 법인상속이 유리하지만은 않다. 개인의 상속세로 과세되는 것이 유리할 수 있기 때문이다(상속공제액이 크면 개인이 유리한 경우가 많다).

표에서 상속세 세율 30%는 과세표준 5억~10억 원 사이에 적용된다. 따라서 상속세가 이 정도 구간에서 나온다면 개인 상속으로 진행하는 것이 좋을 것으로 보인다. 법인으로 상속하기 위해서는 법인설립 및 유증 등을 거쳐야 하고, 상속에 따른 법인세(9~24%)와 주주에 대한 상속세가 과세될 수 있어 법인상속의 실익이 별로 없을 수 있기 때문이다. 한편 상속세 세율이 30%를 초과한 경우에는 개인 상속과 법인상속의 병행을 검토하면 유리한 환경을 조성할 가능성이 크다.

Tip 상속세율이 인하되면 어떻게 대처해야 할까?

현행 상속세율이 최고 50%에서 30% 등으로 대폭 인하되는 경우에는 법인상속에 영향을 줄 수 있다. 상속세율과 법인세율의 차이의 폭이 크게 줄어들기 때문이다. 그 결과 법인상속에 따른 주주에 대한 상속세가 추가되면 법인상속에 따른 절세효과는 크게 떨어질 가능성이 커 보인다. 하지만 이번에 나온 개편안은 최고 세율을 40%로 제시하고 있어 이 안이 통과될지는 미지수다. 야당의 협조가 절실하기 때문이다.

법인상속
실행절차

　　이제 다각도의 검토를 거쳐 법인에 일부 상속하기로 했다고 하자. 그렇다면 이후 어떤 절차로 이를 진행해야 할까? 이러한 절차는 법인상속에 대한 타당성을 강화하는 한편, 예상치 못한 세무위험을 줄여주는 역할을 하게 된다. 다음에서 이에 대해 알아보자.

1. 법인상속 진행절차

법인상속은 다음과 같은 절차를 통해 진행된다.

1. 계획 확정	· 개인 상속세, 법인세, 주주상속세 등 비교 검토 (세무위험 포함) · 법인상속의 타당성 확보
▼	
2. 상속법인과 주주구성 검토	· 법인 성격(결손법인 등) 검토 · 주주구성(상속인, 비속 외) 검토
▼	
3. 유언장 작성	유증비율 등 검토

4. 상속개시 시 법인에 상속	
5. 상속세 및 법인세 신고	· 상속세 : 6개월 · 법인세 : 다음 해 3월
6. 세무조사 대비	· 상속세 · 법인세

2. 적용 사례

사례를 통해 앞의 절차를 확인해보자. K 씨는 75세로 다음과 같은 재산을 보유하고 있다. 물음에 답해보자.

| 자료 |

· 상가건물 50억 원
· 주택 20억 원
· 예금 30억 원
· 상속공제액은 10억 원에 불과함.
· 영리법인의 주주는 K 씨의 며느리와 사위 그리고 제3자로 구성됨.

Q1. 사례의 K 씨에게 닥칠 세무상 쟁점은?

현재 나이 상태에서 볼 때 앞으로 대비 없이 상속이 발생하면 많은 상속세가 예상된다.

Q2. 현재 예상되는 상속세액은?

100억 원에서 10억 원을 공제한 90억 원의 50%의 세율과 누진공제 4억 6,000만 원을 적용하면 대략 40억 4,000만 원 정도가 예상된다.

Q3. 만일 10년 이내에 상속이 발생할 가능성이 크다고 하자. 이 경우 상속세를 줄일 수 있는 방책은 없는가?

이 경우 사전 재산분산의 방법으로 개인과 법인에 대한 증여, 매매 등이 있을 수 있다.

Q4. 만일 사례에서 상가건물과 예금(80억 원)은 법인에 상속하고 나머지(20억 원)는 개인에게 상속한다면 세금은 어떻게 변하는가?

첫째, 상속세는 다음과 같이 줄어든다.

당초 상속세는 40억 4,000만 원이다. 그런데 이 중 80억 원을 법인에 상속하면 개인 상속세는 다음과 같다.

- 개인 상속세=40억 4,000만 원×(20억 원/100억 원)=8억 800만 원

둘째, 법인세가 추가된다.

- 법인세 과세표준 80억 원
- 산출세액 15억 원(80억 원×19%-2,000만 원)
- 지방세 포함 시 16.5억 원

셋째, 지금까지의 결과를 정리한다.

K 씨가 아무런 대책이 없었다면 40억 4,000만 원의 상속세가 예상됐으나, 법인에 일부 상속하면 개인 상속세는 8억 800만 원이 되는 한편, 법인세 16억 5,000만 원이 발생해서 총 24억 5,800만 원으로 40% 정도 세금이 줄어들 것으로 보인다.

Q5. 사례의 경우 주주에 대한 상속세가 나오지 않는가?

그렇다. 주주구성이 상속인과 직계비속 외로 되어 있기 때문이다.

돌발퀴스 사례에서 주주가 상속인 100%로 구성되어 있다면 주주가 내야 하는 상속세는 얼마나 되는가?

다음의 금액이 추가 상속세 납부대상액이 된다.

총 상속세 40억 4,000만 원×(80억 원/100억 원)−법인세 상당액(80억 원×10%[*])=32억 3,200만 원−8억 원=24억 3,200만 원

[*] 법에서 10%로 지정되어 있다.

▶ 영리법인 상속 시 주주구성에 따라 상속세 납부의무가 달라짐을 알 수 있다.

법인의 주주가 100% 상속인이거나 그 비속인 경우	좌 외에 해당하는 경우(며느리, 사위 등)[*]
24억 3,200만 원	0원

[*] 며느리와 사위 외에 상속인 등이 포함되는 경우에는 지분율 크기를 고려해야 한다.

상속법인과
주주구성 검토

앞에서 보았듯이 상속법인은 주주구성이 매우 중요함을 알 수 있다. 다음에서는 상속받을 영리법인의 종류나 주주구성은 어떻게 하는 것이 좋은지 이에 대해 알아보자.

1. 법인상속 시 영리법인의 형태

상증법 제3조의 2 제2항에서 영리법인의 주주 중 상속인과 그 직계비속에 대한 상속세 납부의무를 정하고 있다. 여기서 영리법인의 성격에 대해 좀 더 구체적으로 살펴보면 다음과 같다. 참고로 비영리법인에 대해서는 이 규정을 적용하지 않는다.

- 상증법 제3조의 2의 영리법인에는 회사의 종류를 불문한다(주식회사, 유한회사 등 포함).
- 상증법 제3조의 2의 영리법인에는 기존법인인지 신생법인인지 등에 대한 제한이 없다.
- 상증법 제3조의 2의 영리법인에는 흑자법인인지 결손법인인지 등에 대한 제한이 없다.

2. 영리법인의 주주구성과 세무상 쟁점

영리법인의 속성을 이해했다면 다음으로는 주주구성에 따른 제반 쟁점을 파악해야 한다.

1) 영리법인의 주주에 피상속인이 포함된 경우

영리법인의 주주 중에 피상속인이 포함된 때도 있다. 이때 상속이 발생하는 경우 해당 주식의 가액은 상속재산가액이 된다.

▶ 법인의 주식이 상속 등이 될 때는 세법상 주식평가를 제대로 해야 한다.

2) 영리법인의 주주가 상속인(그 직계비속 포함)으로 구성된 경우

영리법인에 상속되면 일단 법인세가 나오며, 해당 법인의 주주가 상속인 등이 되면 이들에 대해 상속세가 추가로 발생한다.

3) 영리법인의 주주가 상속인(그 직계비속 포함)이 아닌 경우

영리법인에 상속되면 일단 법인세가 나오며, 해당 법인의 주주가 상속인 등에 해당하지 않으면 상속세는 추가로 발생하지 않는다.

3. 적용 사례

K 법인은 다음과 같이 구성되어 있다. 물음에 답해보자.

│ 자료 │
- 상속재산가액 : 50억 원(상속공제액 10억 원)
- 법인 현황
  - 누적결손금 : 20억 원
  - 세법상 주당 가액 : 1만 원
  - 주주구성 : A(본인) 50%(5,000주), B(자녀) 30%, C(사위) 20%

Q1. 상속세 예상액은?

과세표준 40억 원에 50%(누진공제 4억 6,000만 원)를 곱하면 15억 4,000만 원이 예상된다.

Q2. A 씨의 상속재산 중 20억 원을 이 법인에 상속하려고 한다. 이 경우 예상 법인세와 주주상속세는?

법인세는 과세표준이 0원이므로 나오지 않는다. 한편 주주에 대한 상속세는 자녀분에 대해서만 나올 것으로 보인다.

* 자녀에 대한 상속세 : (15억 4,000만 원×40%*-20억 원×10%**)× 30%***=4억 1,600만 원×30%=1억 2,480만 원

  * 영리법인에 유증한 비율(20억 원/50억 원)
  ** 법인세 상당액
  *** 자녀의 지분율

Q3. 사례에서 자녀에 대해서만 상속세가 과세되는 이유는?

A 씨는 피상속인에 해당하는 한편, 사위는 상속인 등이 아니기 때문이다. 이처럼 주주의 구성형태에 따라 상속세 과세 여부가 달라진다.

Q4. A 씨가 보유한 K 법인의 주식 가액은 얼마나 되는가?

5,000주에 주당 1만 원을 곱하면 5,000만 원이 된다.

▶ 비상장주식을 증여나 매매 등을 할 때는 세법상 시가에 맞게 거래해야 한다.

Q5. A 씨가 보유한 주식도 법인에 상속할 수 있는가?

그렇다. 이 경우 다음과 같은 처리 과정을 거친다. 금액은 변동이 없다고 가정하고 회계 정리를 해보자.

① 주식의 법인상속 시

(차변) 자기주식 5,000만 원 (대변) 자산수증이익 5,000만 원

② 주식의 매각 시

(차변) 현금 5,000만 원 (대변) 자기주식 5,000만 원

③ 주식의 소각 시

(차변) 자본금 5,000만 원 (대변) 자기주식 5,000만 원

유증 절차
(재산분배 포함)

영리법인에 대한 상속이 결정되고 이에 대한 주주구성도 제대로 됐다면 이제 본격적으로 사인증여나 유증 등으로 법인상속분을 정할 수 있다. 다음에서 법인에 대한 유증 절차 등을 알아보자.

1. 사인증여나 유증

법인은 개인처럼 민법상 상속을 받지 못하기 때문에 그 대안으로 사인증여나 유증 같은 제도를 두고 있다. 세법은 사인증여나 유증은 모두 상속으로 보아 상속세를 부과하고 있다.

1) 사인증여

사전에 증여계약을 하지만 증여효력을 사후로 이연하는 것을 말한다.

2) 유증

① 포괄유증

이는 피상속인의 재산을 일정한 비율로 유언으로 증여하는 것을 말한다. 예를 들어 피상속인의 재산 중 몇 %를 법인에 유언으로 증여한다는 식이 된다.

② 특정유증

이는 피상속인의 재산 중 특정한 재산을 유언으로 증여하는 것을 말한다. 예를 들어 상가건물이나 현금예금 등 특정 자산을 유언으로 증여하는 것이 이에 해당한다.

2. 적용 사례

K 씨가 보유한 재산은 다음과 같다. 물음에 답해보자.

| 자료 |

구분	재산 금액	채무
상가건물	50억 원	10억 원
주택	10억 원	–
토지	10억 원	–
현금	20억 원	–
계	100억 원	10억 원

Q1. 법인에 상속 시 사인증여가 좋을까 유증이 좋을까?

사인증여는 생전에 증여자와 수증자 간의 계약을 통해, 유증은 단독 의사 표시를 통해 이루어지므로 취향에 따라 결정한다.

▶ 세법은 사인증여나 유증을 차별하지 않고 모두 상속으로 인정한다.

Q2. 유증으로 한다면 포괄유증이 좋을까 특정유증이 좋을까?

이에 대해서는 전문가의 도움을 받아 정하는 것이 좋을 것으로 보인다. 참고로 법인이 주택을 상속받게 되면 종부세의 부담이 크기 때문에 주택은 법인이 상속받지 않도록 한다. 따라서 이 경우에는 특정유증의 형식을 선택해야 할 것으로 보인다.

▶ 포괄유증과 특정유증을 동시에 하는 것도 문제가 없을 것으로 보인다(법무 전문가의 확인이 필요하다).

Q3. 유언장은 언제 작성해야 하는가?

유언장은 생전에 작성하면 될 것으로 보인다. 유언장은 법적 효력이 없으면 무효가 되고 세법도 이를 인정하지 않기 때문에 유언장을 효력 있게 작성해야 함에 유의한다.

Q4. 상속재산은 재산을 어떤 식으로 분배하느냐에 따라 세금의 크기가 달라지는데 어떤 이유에서인가?

상속세 측면에서 다음과 같은 요인이 있다.

• 배우자의 상속지분을 늘리면 배우자상속공제액이 늘어난다.
• 법인에 상속하면 상속세 대신 법인세로 대체된다.

Q5. 사례의 경우 재산을 어떤 식으로 분배하는 것이 세금이 제일 적게 나오는가?

이는 재산분산에 대한 의사결정으로 다음과 같은 절차를 따르는 것이 좋다.

첫째, 상속세를 예측한다.
둘째, 상속세율이 30%를 초과한 재산가액은 사전에 개인증여나 법인증여 등을 적절히 선택한다. 이때 합산과세 기간을 고려한다.

셋째, 개인증여 시 증여세율은 20%(또는 30%)를 넘지 않은 선에서 증여재산가액을 결정한다.

넷째, 법인증여 시 주주에 대한 증여세가 나오지 않도록 증여금액을 정한다. 만일 증여금액이 큰 경우에는 1년 단위로 증여계획을 세운다.

상속세 및
법인세 신고

이제 상속이 발생했다고 하자. 이때는 상속재산 분배에 따라 등기 등을 하고 상속세 등을 신고해야 한다. 다음에서는 상속절차 및 상속세 신고 등에 관한 내용을 정리해보자. 기타 나머지 부분은 저자의 《상속·증여 세무 가이드북》 등을 참조하기 바란다.

1. 상속세

1) 상속 업무절차
상속이 발생하면 다음과 같은 절차에 따라 일을 정리해야 한다.

상속개시일	1개월	2개월	3개월	4개월	5개월	6개월	9개월
	사망신고		상속포기			등기 상속세 신고*	등기

* 상속세 신고 : 상속일이 속하는 달의 말일로부터 6개월(비거주자 등은 9개월)

2) 상속세 신고

상속세는 상속개시일이 속한 달의 말일로부터 6개월 이내에 피상속인의 주소지 관할 세무서에 신고 및 납부하는 것이 원칙이다. 이때 영리법인에 상속한 금액이 있는 경우에는 '영리법인 상속세 면제 및 납부명세서(다음 서식 참조)'를 제출한다.

2. 법인세

상속은 받은 법인은 다음과 같이 신고한다.

구분	신고기한	비고
법인세	상속을 받은 다음 해 3개월	12월 말 법인인 경우
취득세	상속개시일이 속한 달의 말일로부터 6개월 (9개월)	

3. 적용 사례

K 씨는 보유한 재산 중 50%는 영리법인에 유언으로 증여하기로 방침을 세웠다. 그의 재산은 100억 원이었다. 영리법인의 주주는 자녀와 그의 배우자로 자녀의 지분율은 70%였다. 물음에 답해보자.

Q1. 상속세 예상액은 얼마인가? 상속공제액은 20억 원이라고 하자.

100억 원 중 상속공제액을 차감하면 80억 원이 나온다. 이에 50%와 4억 6,000만 원의 누진공제를 적용하면 35억 4,000만 원이 예상된다.

Q2. 영리법인 상속분에 대해서는 상속세가 면제된다. 이 경우 얼마인가?

35억 4,000만 원의 절반인 17억 7,000만 원이 이에 해당한다. 참고로 앞의 상속세면제세액은 상속세 신고서에 다음과 같이 반영된다.

구분		금액
영리 법인 면제	유증 등 재산가액	50억 원
	면제세액(상증법 제3조의 2)	17억 7,000만 원
㉟ 면제분 납부세액(합계액)		17억 7,000만 원

Q3. 면제받은 상속세 대신 법인세를 내야 한다. 이때 법인세는 얼마나 내는가?

법인세는 법인의 상황에 따라 그 크기가 달라진다. 만일 신생법인이라면 50억 원의 19%(2,000만 원 누진공제)를 적용하면 9억 3,000만 원(지방소득세 포함 시 10억 2,300만 원)이 발생한다.

▶ 따라서 본 상속으로 인해 법인이 부담할 법인세의 최대액은 앞과 같다.

Q4. 사례의 경우 당초 상속세로 낼 경우와 비교해 얼마만큼의 절세액이 발생했는가?

당초 대비 7억 4,700만 원 정도 줄어들었다. 이 금액이 상속세를 법인세로 대체한 결과에 해당한다.

Q5. 사례의 경우 주주에 대한 상속세는 과세되지 않는가?

법인의 주주가 상속인이나 비속에 해당하면 상속세가 과세된다. 사례의 경우 자녀가 이에 해당한다. 이때 자녀에 대한 상속세는 다음과 같이 예상된다.

· 영리법인의 상속재산에 대한 상속세 상당액-(영리법인의 상속재산×10%)×지분비율=[17억 7,000만 원-50억 원×10%]×70%(자녀 지분율)=8억 8,900만 원

Q6. 이 사례를 종합한 결과는?

① 당초 상속세 : 35억 4,000만 원

② 법인 유증에 따른 세금

   - 변경 상속세 : 15억 2,000만 원

   - 법인세 추가 : 10억 2,300만 원

   - 주주상속세 : 8억 8,900만 원

   - 계 : 34억 3,200만 원

③ ①-②=1억 800만 원

Q7. 이 사례에서 절세효과가 크지 않은 이유는?

법인세가 생각보다 많고 주주에 대한 상속세가 나오기 때문이다.

▶ 법인상속은 잘 준비해야 소기의 성과를 누릴 수 있음을 다시 한번 알 수 있다.

영리법인 상속세 면제 및 납부 명세서

가. 상속세 면제 대상 영리법인

① 법인명	② 사업자등록번호	③ 사업장 소재지	
④ 영리법인이 받았거나 받을 상속재산가액 (유증 등 재산가액)	⑤ 영리법인에게 면제된 상속세액(면제세액)	⑥ (④ ×10%)	

나. 상속세 납부 대상자

⑦ 구분	⑧ 성명	⑨ 주민등록번호	⑩ 지분율	⑪ 면제분 납부세액 [(⑤-⑥)×⑩]
계				

작성방법

1. 이 명세서는 상속세 면제 대상 영리법인별로 작성합니다.

2. "④ 영리법인이 받았거나 받을 상속재산가액"란은 특별연고자에 대한 분여 및 유증에 따라 영리법인이 취득한 재산의 가액을 적습니다.

3. "⑤ 영리법인에게 면제된 상속세액(면제세액)"란은 ④금액을 기준으로 「상증법 시행령」 제3조 제1항에 따른 비율에 따라 계산된 세액을 적습니다.

4. "⑦ 구분"란은 상속인 또는 상속인의 직계비속으로 구분해서 적습니다.

5. "⑩ 지분율"란은 상속인 또는 그 직계비속이 보유하고 있는 해당 영리법인의 주식 또는 출자 비율을 적습니다.

6. "⑪ 면제분 납부세액"란은 아래 계산식에 따라 계산한 금액을 적습니다.
   [{영리법인에게 면제된 상속세액(⑤) - {영리법인이 유증 등 취득한 상속재산가액(④) × 10%}} × 상속인과 그 직계비속이 보유하고 있는 영리법인의 주식등의 비율(⑩)]

210mm×297mm[백상지 80g/㎡]

재산이 어느 정도 있는 집안은 상속을 미리 서둘러야 한다. 왜 그럴까? 다음에서 사전 증여 시기가 늦은 경우의 불이익 등을 통해 그 이유를 알아보자.

1. 상속세 합산과세

앞에서 누차 살펴보았지만, 사전 증여에 대해서는 상속세와 증여세 합산과세가 적용된다.

구분	상속인	상속인 외의 자
상속세 합산과세	10년	5년
비고		영리법인 포함

2. 배우자상속공제 한도액 축소

배우자에게 사전에 증여한 재산이 상속재산가액에 합산되면 배우자 상속공제액이 줄어들 수 있다. 한도액을 계산할 때 증여세 과세표준(과세가액-증여재산공제)을 다음처럼 차감하기 때문이다. 단, 배우자에게 6억 원 이하에서 증여했다면 과세표준은 0원이므로 한도액에 영향을 주지 않는다.

• 배우자상속공제 한도액(Min ①, ②)

① (상속재산가액× 배우자의 법정상속분)-배우자에게 증여한 재산에 대한 과세표준

② 30억 원

3. 상속공제 종합한도액 축소

사전 증여재산에 대해 상속세 합산과세가 적용되면 이 금액은 다음과 같이 상속공제 종합한도액에서 차감된다.

상속공제 종합한도액

상속세 과세가액
- 상속인이 아닌 자에게 유증·사인증여한 재산가액*
- 상속 포기로 인해 다음 순위자가 상속받는 재산가액
- 상속세 과세가액에 가산한 증여재산가액(증여재산공제액과 재해손실공제액을 차감한 가액)
= 상속공제 종합한도

* 법인에 유증한 금액 등을 말한다.

4. 적용 사례

K 씨는 다음과 같이 증여를 했다. 물음에 답해보자.

| 자료 |
- 5년 전에 배우자에게 증여 : 6억 원
- 3년 전에 법인에 증여 : 2억 원
- 2년 전에 자녀에게 증여 : 5억 원(과세표준 4억 5,000만 원)
- 상속인 : 배우자, 자녀1

Q1. K 씨가 올해 사망한 경우 상속재산가액은 얼마나 되는가? 상속 시 보유한 재산은 10억 원이다.

총 23억 원이다. 자료상의 모든 증여금액은 합산과세 대상이 된다.

Q2. 상속공제액은 얼마나 예상하는가? 상속공제는 일괄공제와 배우자상속공제로 한정하며, 배우자가 10억 원을 상속받는다.

일괄공제는 5억 원이므로 배우자상속공제를 합계하면 된다. 배우자상속공제는 배우자가 실제 상속받은 금액을 공제하나 한도가 있다. 다음 표에서 사례의 경우 배우자상속공제는 10억 원이므로 총 15억 원이 상속공제액이 된다.

※ 배우자상속공제 한도액

가. 배우자가 실제 상속받은 금액

① 배우자가 상속받은 상속재산가액	10억 원
② 배우자가 승계하기로 한 채무·공과금	
③ 배우자가 상속받은 비과세 재산가액	
④ 배우자가 실제 상속받은 금액(①-②-③)	10억 원

나. 배우자상속공제 한도액

상속재산의 가액 (「상속세및증여세법 시행령」 제17조)	⑤ 총 상속재산가액	10억 원
	⑥ 비과세되는 상속재산	
	⑦ 공과금 및 채무	
	⑧ 과세가액 불산입 재산	
	⑨ 상속재산의 가액(⑤-⑥-⑦-⑧)	10억 원
⑩ 상속재산 중 상속인이 아닌 수유자가 유증 등을 받은 재산의 가액		2억 원(법인)
⑪ 상속개시일 전 10년 이내에 피상속인이 상속인에게 증여한 재산가액		11억 원(배우자와 자녀)
⑫ 배우자의 법정상속분		1.5/2.5
⑬ 상속재산에 가산한 증여재산 중 배우자가 사전 증여받은 재산에 대한 과세표준(「상속세 및 증여세법」 제55조 제1항)		0원
⑭ 배우자상속공제 한도액[{(⑨-⑩+⑪)×⑫}-⑬] (다만, 30억 원을 초과하는 경우는 30억 원)		11.4억 원

다. 배우자상속공제 금액

⑮ 배우자상속공제 금액(④와 ⑭ 중 적은 금액) (다만, 배우자가 실제 상속받은 금액이 없거나 실제 상속받은 금액이 5억 원 미만이면 5억 원)	10억 원

Q3. 사전에 증여한 재산은 상속공제 한도에 영향을 주는가?

자녀에게 사전에 증여한 재산에 대한 과세표준이 한도에서 차감이 된다. 다만, 사례의 경우에는 상속공제액이 이에 한참 미달해서 자녀의 사전 증여는 한도에 직접적인 영향을 주지 않는다.

상속세 과세가액 : **23억 원**

−상속인이 아닌 자에게 유증·사인증여한 재산가액

−상속 포기로 인해 다음 순위자가 상속받는 재산가액

−상속세 과세가액에 가산한 증여재산가액(증여재산공제액과 재해손실공제액을 차감한 가액) : **4억 5,000만 원**

=상속공제 종합한도 : **18억 5,000만 원**

다음 자료는 사전 증여재산가액이 상속세와 증여세에 얼마나 합산됐는지 등을 보여준다. 국세청에서 발표한 자료이니 참고해보자.

1. 상속세

구분	2022	2023
과세인원(피상속인 수) (명)	15,760	19,944
총 상속재산가액 (백만 원)	62,726,925	51,856,398
가산하는 증여재산가액 (백만 원)*	5,066,155	6,216,800
과세표준 (백만 원)	46,516,419	34,031,387
총 결정세액 현황 (백만 원)	19,260,324	12,290,143

* 2023년은 상속세 합산과세가 된 사전 증여재산가액은 6조 2,000억 원으로 파악된다.

2. 증여세

구분	2022	2023
증여세 신고건수 (명)	215,640	164,230
증여세 증여재산가액 (백만 원)	37,745,424	27,338,773
증여세 증여재산가산액 (백만 원)*	17,470,107	14,064,994
증여세 과세표준 (백만 원)	45,347,217	33,784,511
증여세 자진납부할 세액 (백만 원)	6,822,908	4,822,057

* 2023년은 증여세에 합산과세가 되는 사전 증여재산가액은 14조 원에 이르고 있다.

개인의 상속세는 과세가액에서 상속공제를 적용한 과세표준에 10~50%의 세율을 곱해 계산한다. 그런데 이때 상속공제는 무한정 적용하는 것이 아니라 한도가 있다. 다음의 식을 다시 한번 보자.

상속공제 종합한도액

상속세 과세가액
- ① 상속인이 아닌 자에게 유증·사인증여한 재산가액
- ② 상속 포기로 인해 다음 순위자가 상속받는 재산가액
- ③ 상속세 과세가액에 가산한 증여재산가액(증여재산공제액과 재해손실공제액을 차감한 가액)
= 상속공제 종합한도

앞의 식 ①의 '상속인이 아닌 자에게 유증·사인증여한 재산가액'은 법인 등에 유증한 금액 등을 말한다. 따라서 법인에 유증한 금액이 큰 경우에는 상속세 종합한도가 줄어들어 개인 상속세가 생각보다 줄어들지 않을 가능성이 크다. 이 점을 고려해서 법인 유증 금액을 결정해야 할 것으로 보인다. 다음 사례를 통해 이를 확인해보자.

| 사례 |

K 씨의 재산은 100억 원이다. 이 중 80억 원은 법인에 유증을 했다. 이후 상속이 발생했다. 물음에 답해보자.

Q1. K 씨의 배우자가 생존해 배우자상속공제를 활용한 결과 상속공제액이 30억 원 예상된다. 이 경우 상속공제 종합한도는?

과세가액이 100억 원이고 유증한 금액이 80억 원이므로 상속공제 종합한도는 20억 원이다.

▶ 따라서 사례의 상속공제액 30억 원은 20억 원까지만 공제가 적용된다.

Q2. K 씨의 배우자가 먼저 사망해 상속공제액이 10억 원 정도 예상된다. 이 경우 상속공제 종합한도는?

과세가액이 100억 원이고 유증한 금액이 80억 원이므로 상속공제 종합한도는 20억 원이다.

▶ 따라서 사례의 상속공제액 10억 원은 한도 내로 모두 공제가 적용된다.

Q3. 이 사례에서 알 수 있는 교훈은?

개인의 상속공제액이 큰 경우에는 법인 유증액이 상속공제 한도에 영향을 준다. 따라서 이러한 상황에서는 상속공제 한도에 맞춰 법인 유증액을 결정해야 할 것으로 보인다. 반면 상속공제액이 작은 경우에는 법인 유증액이 상속공제 한도에 미치는 영향은 거의 없으므로 쟁점이 거의 없을 것으로 보인다.

법인 유증 재산가액은 배우자상속공제 한도 계산 시 차감된다. 실무적으로 그렇게 중요한 의미는 없다.

- 한도금액 = (A − B + C) × D − E
  A : 대통령령으로 정하는 상속재산의 가액
  B : 상속재산 중 상속인이 아닌 수유자가 유증등을 받은 재산의 가액
  C : 제13조 제1항 제1호에 따른 재산가액
  D : 「민법」 제1009조에 따른 배우자의 법정상속분(공동상속인 중 상속을 포기한 사람이 있는 경우에는 그 사람이 포기하지 아니한 경우의 배우자 법정상속분을 말한다)
  E : 제13조에 따라 상속재산에 가산한 증여재산 중 배우자가 사전 증여받은 재산에 대한 제55조 제1항에 따른 증여세 과세표준

제6장

개인과 법인의
증여선택과 실행절차

증여에 대한
개인과 법인의 과세구조

증여는 상속재산을 분산하는 데 가장 큰 수단 중 하나에 해당한다. 그 중 법인에 대한 증여는 개인증여에 대한 한계가 있을 때 선택할 방법에 해당한다. 다음에서는 영리법인 증여에 대한 의사결정에 앞서 증여에 관한 개인과 법인의 과세구조 등을 비교해보자. 증여의 경우 개인은 증여세, 법인은 법인세를 내지만, 이에 대한 과세구조 및 기타 신고제도 등에서도 많은 차이가 있다.

1. 증여세와 법인세의 과세구조

증여세는 상속세처럼 상증법에서 정하는 방식에 의해 산출세액을 계산한다. 반면 법인세는 법인세법에 따라 증여재산가액에 대해 법인세를 계산한다. 이러한 계산구조는 앞에서 본 상속세와 거의 유사하다.

증여세	법인세	비고
증여재산가액*	증여재산가액	시가평가원칙
+사전 증여재산가액(10년**)		
−채무, 공과금		
=증여세 과세가액		
−증여공제		
=과세표준		
×세율(10~50%)	×세율(9~24%)	
=산출세액	=산출세액	

* 증여재산가액은 원칙적으로 시가로 평가한다. 이 점은 법인세도 같다.
** 동일인으로부터 증여받은 금액을 합산한다.

2. 증여세와 법인세의 신고방법

구분	증여세	법인세
신고·납부기한	증여일이 속한 달의 말일로부터 3개월	다음 해 3월(12월 말 법인)
관할 세무서	수증자의 주소지 관할	법인 본점 주소지 관할
비고	사후검증이나 세무조사를 반드시 함.	정기조사에 따름.

3. 적용 사례

사례를 통해 앞의 내용을 확인해보자. 다음 자료를 보고 물음에 답해 보자.

| 자료 |
- 증여재산가액 10억 원
- 증여공제액 5,000만 원
- 법인에 증여 시 주주에 대한 증여세는 없음.

Q1. 증여세는 얼마나 예상되는가?

과세표준 9억 5,000만 원에 30%(누진공제 6,000만 원)를 적용하면 2억 2,500만 원가량이 예상된다.

Q2. 10억 원을 법인에 증여하면 법인세는 얼마나 예상되는가?

10억 원에 19%(누진공제 2,000만 원)를 적용하면 1억 7,000만 원(지방소득세 포함 시 1억 8,700만 원)이 된다. 한편 법인에 증여하면 법인의 주주에 대한 증여세 문제가 있다. 주주들이 얻은 이익이 1억 원 이상이면 증여세가 나오는데, 연도별로 증여세 면제세액 내에서 증여하면 이 세금을 없앨 수 있다. 사례는 자료에서 이 증여세가 없다고 가정했다.

Q3. 앞의 두 결과를 비교하면 법인이 다소 유리하다. 어떤 이유에서인가?

개인 증여세의 경우 상속세와는 달리 증여재산가액에서 공제되는 금액이 그다지 크지 않기 때문에 산출세액이 크게 발생한다. 반면 법인세는 공제금액은 없으나 세율이 19%에 해당해서 증여세에 비해 상대적으로 세율이 유리하게 작용했다고 할 수 있다.

이러한 원리는 법인증여를 선택할 때 중요한 요소가 될 수 있다. 재산이 많은 상태에서 재산의 사전분산 수단으로 증여를 선택할 때 개인의 세율이 높으면 법인증여의 유용성이 커지기 때문이다.

개인 증여세의 과세원리

영리법인에 대한 증여 의사결정을 위해서는 개인의 증여세 계산법에도 능통해야 한다. 증여세가 더 적게 나옴에도 불구하고 무턱대고 법인으로 증여를 추진하는 것은 잘못된 의사결정이 될 수 있기 때문이다. 다음에서 증여세 과세원리에 대해 알아보자.

1. 증여세 계산구조
증여세 계산구조를 다시 한번 보자.

구분	금액	비고
증여재산가액		
+사전 증여재산가액(10년)		동일인 기준
−채무, 공과금		
=증여세 과세가액	×××	
−증여공제		
=과세표준	×××	
×세율(10~50%)		

=산출세액	×××	
−기납부세액		
=결정세액	×××	

증여세는 동일인으로부터 10년 이내에 증여한 금액을 합산해 과세한다. 이때 동일인에는 부모를 포함한다. 한편 증여공제는 다음과 같이 적용된다. 이 증여공제는 10년간 1회만 적용된다. 예를 들어 부모로부터 동시에 5,000만 원을 받으면 공제는 5,000만 원이 되고 앞으로 10년간 이 공제를 받을 수 없다. 참고로 이러한 공제는 국내 비거주자에 대해서는 적용하지 않는다(비거주자의 부동산 세무에 대해서는 별도로 다룰 예정이다).

구분	공제액	비고
배우자로부터 수증	6억 원	
성년자가 직계존비속으로부터 수증	5,000만 원	자녀
미성년자가 직계존비속으로부터 수증	2,000만 원	손·자녀
기타 친족으로부터 수증	1,000만 원	며느리
혼인·출산 증여공제(2024년 신설)	1억 원	

2. 적용 사례

다음 자료를 보고 물음에 답해보자.

| 자료 |
- 75세인 K 씨는 50억 원 대의 재산을 보유 중임.
- 재산 중 현금자산 10억 원을 줄이기로 함.

Q1. 이 재산을 자녀 1인과 4인에게 증여하는 경우의 증여세는? 증여공제액은 5,000만 원을 적용한다.

1인의 경우 10억 원에서 5,000만 원을 공제한 9억 5,000만 원에 30%의 세율과 6,000만 원의 누진공제를 적용하면 산출세액은 2억 2,500만 원이 된다. 한편 4인의 경우 2억 5,000만 원에서 5,000만 원을 차감한 2억 원에 20%(누진공제 1,000만 원)를 적용하면 3,000만 원이 되고 이에 4를 곱하면 1억 2,000만 원이 된다.

▶ 이렇게 재산을 분산 증여하면 증여세 산출세액을 낮출 수 있으나, 향후 상속세 합산과세가 적용되면 상속세가 많이 증가할 수 있다.

Q2. 이 재산을 손자 4명에게 증여하는 경우의 증여세는? 증여공제는 5,000만 원을 적용한다.

손자의 경우 통상 30%가 할증 과세된다. 따라서 1억 2,000만 원의 130%인 1억 5,600만 원이 산출세액이 된다.

Q3. 현금자산을 자녀와 손·자녀에게 증여하는 경우의 상속세 합산과세 기간은?

자녀는 10년이며, 손·자녀는 상속인 외의 자에 해당하므로 5년*이 적용된다.

* 대를 이은 상속에 해당하면 10년이 적용된다.

Q4. 만일 이 재산을 자녀와 손·자녀(총 5명으로 균등지분)로 구성된 법인에 매년 5억 원씩 2년간 지급하면 세금과 상속세 합산 기간은 어떻게 변하는가?

일단 법인세는 매년 7,500만 원(5억 원×19%-2,000만 원, 지방소득세 포함 시 8,250만 원)이 발생하므로 2년간 1억 5,000만 원(지방소득세 포함 시 1억 6,500만 원)이 예상된다. 한편 이 경우에는 주주에 대한 증여세는 발생하지 않는다. 각 개인당 주주가 받은 증여이익은 1억 원에 미달하기 때문이다.

Q5. 이 사례를 통해 얻을 수 있는 교훈은?

상속세를 절감하기 위해 증여를 선택하는 경우 증여의 대상과 금액 등에 따라 그 효과가 달라짐을 알 수 있다. 따라서 실무에서는 대안선택을 정교하게 하는 것이 좋다.

- 자녀 4인에게 증여 시 1억 2,000만 원의 증여세가 나왔다. 상속세 합산 기간은 10년이 적용된다.
- 손자 4인에게 증여 시 1억 5,600만 원의 증여세가 나왔다. 상속세 합산 기간은 5년이 적용된다.
- 법인에 증여 시 1억 6,500만 원의 법인세가 나왔다. 상속세 합산 기간은 5년이 적용된다.

법인증여와
세금 계산법

법인이 개인으로부터 부동산이나 현금 등을 증여받은 경우가 있다. 주로 법인을 통해 주주들에게 부를 이전하기 위한 시도에서 비롯된 경우가 많다. 그렇다면 세법은 이러한 행위들에 대해 어떤 식으로 대응할까? 다음에서 알아보자.

1. 증여를 받은 법인

법인세가 과세되는 것이 원칙이다. 다만, 이월결손금에 보전되는 경우에는 법인세를 면제받을 수 있다.

1) 자산수증이익

법인이 부동산을 증여받으면 자산이 늘어나고 이익이 늘어난다. 따라서 이러한 자산수증이익이 법인의 순 자산을 증가시켰으므로 이에 대해서는 법인세가 부과되는 것이 원칙이다.

2) 이월결손금 보전

법인에 이월된 결손금이 있는 상태에서 부동산 등을 증여하면 이 증여자산에 대해서는 법인세를 부과하지 않는다.

> **법인세법 제18조**
> 다음 각 호의 금액은 내국법인의 각 사업연도의 소득금액을 계산할 때 익금에 산입하지 아니한다.
>
> 6. 무상(無償)으로 받은 자산의 가액(제36조에 따른 국고보조금 등은 제외한다)과 채무의 면제 또는 소멸로 인한 부채(負債)의 감소액 중 대통령령으로 정하는 이월결손금을 보전하는 데에 충당한 금액

2. 증여를 받은 법인의 주주

원래 영리법인이 증여받은 재산 또는 이익에 대해 법인세법에 따른 법인세가 부과되는 경우 해당 법인의 주주들에 대해서는 증여세가 과세되지 않는다. 다만, 상증법 제45조의 3부터 제45조의 5까지의 규정에 따른 경우는 제외한다(상증법 제4조의 2)*. 이에 따라 증여를 받은 법인이 흑자법인이든 결손법인이든 주주가 이익을 보게 되므로 상증법 제45조의 5(특정 법인과의 거래를 통한 이익의 증여 의제)에서는 이익을 본 주주에게 증여세를 부과할 수 있도록 하고 있다.

* 법인이 증여받은 재산에 법인세가 과세되면 주주에 대한 증여세를 부과하지 않는다. 다만, 예외적으로 상증법 제45조의 5 등에서는 주주에게도 증여세를 과세할 수 있도록 하고 있다. 그런데 이때 법인세와 증여세에 이중과세의 문제가 있다. 이에 세법은 주주에 대한 증여이익 계산 시 법인세 상당액을 차감하도록 하고 있다.

3. 적용 사례

사례를 통해 앞의 내용을 확인해보자. 다음 자료를 보고 물음에 답해보자.

- 수증자 : K 법인(K 씨 40%, 그의 배우자와 자녀 2명이 각각 20%씩 보유)
- 증여자 : K 씨의 부친
- 증여대상 : 상가
- 증여재산가액 : 5억 원
- K 법인의 전체 소득금액 : 5억 원

Q1. 위의 경우 법인세 예상액은?

전체 소득금액이 5억 원이므로 이에 19%와 2,000만 원의 누진공제를 적용하면 7,500만 원의 법인세가 예상된다.

Q2. 전체 증여이익은 얼마인가?

이는 증여재산가액에서 증여로 인해 발생한 법인세를 차감해 계산한다.

- 증여이익=5억 원-7,500만 원*=4억 2,500만 원

   * 법에서는 법인세만을 의미하고 있다. 즉, 지방소득세는 감안하지 않는다.

Q3. 사례에서 주주에게 증여세가 과세되는가?

주주에게 증여세가 과세되기 위해서는 각 주주별로 증여이익이 1억 원 이상이 되어야 한다. 따라서 K 씨에게만 증여세가 과세된다.

구분	지분율	증여이익 계산	증여세 과세 여부
K 씨	40%	4억 2,500만 원×40%=1억 7,000만 원	과세
K 씨 배우자	20%	4억 2,500만 원×20%=8,500만 원	과세하지 않음.
자녀1	20%	8,500만 원	과세하지 않음.
자녀2	20%	8,500만 원	과세하지 않음.
계	100%	4억 2,500만 원	

Q4. 앞 사례의 자녀 등은 증여이익이 1억 원에 미달해서 증여세가 과세되지 않았다. 그렇다면 이때 미달한 금액은 다음 해로 이월되어 증여이익에 합산되는가?

그렇지 않다. 다음 해에 증여이익을 다시 계산해 이에 대한 과세판단을 별도로 해야 한다.

Q5. 영리법인에 증여한 재산은 상속재산가액에 합산되는가?

그렇다. 이때 합산되는 기간은 상속개시일 전 5년이다. 영리법인은 상속인 외의 자가 되기 때문이다.

Q6. 영리법인의 주주가 얻은 증여이익에 대해서도 상속재산가액에 합산되는가?

주주가 얻은 이익에 증여세가 과세될 때 그렇다. 사례는 이와 무관하다.

Tip 법인증여 시 법인과 주주의 과세방식 비교		
구분	**법인**	**주주**
과세되는 증여재산가액	전액	주주당 1억 원 이상의 증여이익
법인세/증여세 과세	법인세 과세	주주증여세 과세
증여세 합산과세	5년	10년(동일인)
상속세 합산과세	5년	10년/5년

법인증여
의사결정 기준

주식회사와 같은 영리법인이 증여를 받는 경우가 종종 있다. 주로 주주에게 부를 이전하거나 상속을 대비하는 관점에서 이를 선택하는 경우가 많다. 다만, 법인증여가 유리하려면 법인세와 주주증여세의 합계액이 개인 증여세보다 훨씬 적어야 한다. 만약 그렇지 않고 개인 증여세가 더 적거나 둘의 차이가 얼마 되지 않으면 개인증여가 유리할 것이다. 그렇다면 구체적으로 이에 대해서는 어떤 식으로 의사결정을 해야 할까?

1. 개인증여가 유리한 경우

법인세(9~24%)와 주주증여세의 합계액보다 개인 증여세가 적으면 개인증여가 유리하다.

· 개인의 증여세 < 법인세+주주의 증여세 ⇒ 개인증여가 유리

2. 법인증여가 유리한 경우

앞의 내용과 정반대의 상황이 되면 법인증여가 유리하다.

- 개인의 증여세 > 법인세+주주의 증여세⇒법인증여가 유리

※ 개인증여 대 법인증여 의사결정

※ 증여세 한계세율로 본 법인증여 검토 시점

증여세 과세표준	증여세율	법인세율	법인증여 검토 여부
1억 원 이하	10%	9%	개인증여 검토
2억 원 이하	20%		
5억 원 이하	20%	19%	법인증여 검토
10억 원 이하	30%*		
30억 원 이하	40%		
30억 원 초과	50%		
200억 원 이하			
3,000억 원 이하		21%	
3,000억 원 초과		24%	

* 개인 증여세율이 30%를 벗어난 시점(40%)부터 법인증여를 포함해 검토하는 것이 좋을 것으로 보인다(저자의 의견).

3. 적용 사례

사례를 통해 앞의 내용을 확인해보자.

Q1. 서울 송파구 풍납동에서 사는 김현철 씨의 아버지가 5억 원의 자금을 준비해두고 현재 회사의 대표를 맡은 김 씨에게 증여하고자 한다. 다음에서는 이를 개인에게 증여해서 회사로 입금하는 것이 좋을지 법인에 직접 증여하는 것이 좋을지 세금 측면에서 의사결정을 내려보자. 김 씨는 이 회사의 주식 100%를 소유하고 있고, 이 법인의 올해 당기순이익은 0원이며, 법인세율은 9~24%이다.

먼저, 5억 원에 대한 증여세와 법인세를 비교해보자.

구분	개인 수증	법인 수증
세목	증여세	법인세
증여재산가액	5억 원	5억 원
공제금액	5,000만 원	0원
과세표준	4억 5,000만 원	5억 원
세율	20%(누진공제 1,000만 원)	9~24%
산출세액	8,000만 원(=4억 5,000만 원×20% - 1,000만 원)	8,250만 원[(=5억 원×19% - 2,000만 원)×110%]
평균세율(산출세액/증여재산가액)	16.0%	16.5%

다음으로 결론을 내려보자.

이 사례를 보면 일차적으로 개인이 증여받는 것과 법인이 증여받는 것의 세금의 크기는 거의 유사하다. 하지만 법인의 경우에는 다음과 같이 세금문제가 추가된다.

① 주식 가치증가에 대한 증여세→흑자법인이 증여를 받은 경우에도 주식 가치증가에 따른 주주의 증여세 문제가 있다.
② 이익잉여금에 대한 배당소득세→법인에 증여한 재산가액은 자산수증이익이 되고 궁극적으로 잉여금에 해당하므로 이에 대해서는 배당소득세(14%)가 추가로 부과될 수 있다.

따라서 사례의 경우에는 법인으로 증여받는 경우가 더 불리할 가능성이 크다.

Q2. 앞의 사례에서 증여금액이 20억 원이라면 의사결정이 달라지는가? 단, 증여공제액은 없다고 가정한다.

법인증여 시 일차적으로 법인세가 과세되고, 이차적으로 주주에 대한 증여세가 과세된다. 이때 주주의 증여세는 개인의 증여세에서 법인세 상당액을 차감한 금액을 한도로 납부한다.

구분	개인 수증	법인 수증		
세목	증여세	법인세	법인 주주증여세	계
증여재산가액	20억 원	20억 원	16억 4,000만 원*	
공제금액	0원	0원	0원	
과세표준	20억 원	20억 원	16억 4,000만 원	
세율	40% (1억 6,000만 원)	19% (2,000만 원)	40% (1억 1,600만 원)	
산출세액	6억 4,000만 원(20억 원×40%-1억 6,000만 원)	3억 9,600만 원[(20억×19%-2,000만 원)×110%]	4억 9,600만 원(한도) 2억 8,000만 원**	6억 7,600만 원(한도 적용)
평균세율(산출세액/증여재산가액)	32.0%	33.8%		

* 증여이익은 법인의 증여재산가액에서 법인세 상당액(3억 6,000만 원)을 차감해 계산한다. 따라서 이 이익은 16억 4,000만 원(20억 원-3억 6,000만 원)이 된다.

** 주주에게 증여세 과세 시 한도가 있다. 이중과세를 방지하기 위한 취지가 있다. 사례의 경우 다음과 같이 한도를 계산한다.

· 개인의 증여세 6억 4,000만 원-법인세 3억 6,000만 원(지방소득세 제외)=2억 8,000만 원

　법인이 20억 원을 증여받으면 법인세와 주주에 대한 증여세가 발생하므로 이도 개인증여보다 세금이 더 많이 나옴을 알 수 있다. 결국, 법인증여에 대한 타당성을 확보하기 위해서는 개인 증여세율이 높은 상태에서 법인주주에 대한 증여세를 발생시키지 않아야 함을 알 수 있다.

> 🔧 돌발퀴즈 **사례에서 주주에 대한 증여세를 없애려면 어떻게 해야 하는가?**
>
> 주주가 증여받은 이익이 1년 기준 1억 원 미만이 되도록 해야 한다. 따라서 사례의 경우 20년 동안 매년 1억 원을 증여하면 주주에 대한 증여세를 없앨 수 있다.

▶ 결국, 주주에 대한 증여세를 없애기 위해서는 주주의 수를 늘리는 한편, 지분율이 균등한 각 주주에 대해 1년 단위로 1억 원 미만으로 증여하면 된다.

예) 주주의 수가 5명(균등지분)인 경우 20억 원을 증여하는 방법

구분	1년	2년	3년	4년	계
증여금액	5억 원	5억 원	5억 원	5억 원	20억 원
주주증여세 과세	과세×	×	×	×	주주 지분율이 균등해야 함.*

* 주주 지분율이 균등하지 않으면 지분울이 큰 주주에게 증여세가 발생할 수 있다.

Tip 법인에 사전 증여한 재산과 상속세 과세가액 합산(「상증법」 집행기준 13-0-5)

① 상속개시 전 10년 이내에 상속인이 피상속인으로부터 재산을 증여받고, 상속개시 후 민법상 상속 포기를 할 때도 당해 증여받은 재산을 상속세 과세가액에 합산한다.

② 피상속인이 상속개시 전 5년 이내에 영리법인에 증여한 재산가액 및 이익*은 상속인 외의 자에게 증여한 재산가액으로 상속재산에 포함된다. 동 재산가액 및 이익에 대한 상증법에 따른 증여세 산출세액 상당액은 상속세 산출세액에서 공제한다.
    * 법인에 사전 증여한 금액에 대해서는 5년 상속합산과세제도가 적용된다.

③ 증여세 과세특례가 적용된 창업자금과 가업 승계한 주식의 가액은 증여받은 날부터 상속개시일까지의 기간이 상속개시일로부터 10년 이내인지 아닌지와 관계없이 상속세 과세가액에 합산한다.

법인증여
실행절차

　이제 다양한 검토를 거쳐 법인에 증여하기로 했다고 하자. 그렇다면 이후 어떤 절차로 이를 진행해야 할까? 이러한 절차는 법인증여에 대한 타당성을 강화하는 한편, 예상치 못한 세무위험을 줄여주는 역할을 하게 된다. 다음에서 이에 대해 알아보자.

1. 법인증여 진행절차
법인증여는 다음과 같은 절차를 통해 진행된다.

1. 계획 확정	· 개인 증여세, 법인세, 주주증여세 등 비교 검토(세무위험 포함) · 법인증여의 타당성 확보
▼	
2. 수증 법인과 주주구성 검토	· 법인의 성격(결손법인) 등 검토 · 주주구성(주주 수와 지분율) 검토
▼	
3. 증여계약서 작성	
▼	

4. 증여 실행	주주 1인당 1억 원 미만 금액(1년 단위 증여 실행)* * 이 부분이 중요하다.
▼	
5. 증여세 및 법인세 신고	· 증여세 : 3개월 · 법인세 : 다음 해 3월
▼	
6. 세무조사 대비	· 증여세 · 법인세

2. 적용 사례

사례를 통해 앞의 절차에 관해 확인해보자. K 씨는 75세로 다음과 같은 재산을 보유하고 있다. 물음에 답해보자.

| 자료 |
· 상가건물 30억 원
· 주택 20억 원
· 예금 10억 원
· 상속공제액은 10억 원에 불과함.

Q1. 앞으로 K 씨에게 닥칠 세무상 쟁점은?

현재 나이 상태에서 볼 때 앞으로 대비 없이 상속이 발생하면 많은 상속세가 예상된다.

Q2. 현재 예상되는 상속세액은?

60억 원에서 10억 원을 공제한 50억 원의 50%의 세율과 누진공제 4억 6,000만 원을 적용하면 대략 20억 원 정도가 예상된다.

Q3. 앞으로 예상되는 상속세를 줄일 방법에는 어떤 것들이 있는가?

개인과 법인을 매개로 하는 증여, 매매 등의 방법이 있다.

Q4. 사례의 경우 어떤 식으로 재산을 분산시키면 좋을까?

일단 과세표준 30억 원을 초과하는 금액 20억 원을 분산시킨다. 그리고 이를 개인과 법인을 선택해 다음과 같은 식으로 계획을 세운다. 이때 재산분산기준은 상속세 합산과세 기간과 증여공제액 및 적용 세율 등을 고려해서 시뮬레이션하는 것이 좋다.

| 샘플 |

구분	상속세 합산 기간	증여공제액	배분	세금
배우자	10년	6억 원	8억 원	3,000만 원
자녀	10년	5,000만 원	3.5억 원	5,000만 원
자녀의 배우자	5년	1,000만 원	1.1억 원	1,000만 원
손·자녀1	5년	2,000만 원	1.2억 원	1,300만 원
손·자녀2	5년	2,000만 원	1.2억 원	1,300만 원
법인	5년	0원	5억 원	8,250만 원
계			20억 원	1억 9,850만 원

증여법인과
주주구성 검토

법인에 증여하는 경우로서 주주는 상속과는 다르게 구성해야 한다. 또한, 주주별 1억 원 정도까지는 증여세 과세를 하지 않기 때문에 이 부분을 적극적으로 고려할 필요가 있다. 다음에서 이에 대해 알아보자.

1. 수증 법인의 주주구성

법인증여 시 증여세가 과세되는 주주는 증여자와 특수관계인에 해당하는 지배주주 등을 말한다. 따라서 배우자와 직계존비속은 물론이고 4촌 이내의 혈족, 3촌 이내의 인척 등이 포함되므로 상당히 그 범위가 넓다. 따라서 주식이 분산되지 않은 가족법인의 경우 법인에 증여 시 대부분의 주주에 대해서는 증여세 과세문제가 발생한다고 할 수 있다. 다만, 현행 상증법 제45조의 5에서는 각 주주가 증여받은 금액이 1년간 1억 원 이상인 경우에만 과세한다. 따라서 증여세를 피하기 위한 주주구성은 다음과 같이 한다.

- 주주의 수는 가급적 늘릴 것
- 각 주주의 지분율은 균등할 것

2. 적용 사례

사례를 통해 앞의 내용을 확인해보자. 다음 자료를 보고 물음에 답해보자.

| 자료 |

K 법인의 주주구성은 다음과 같음.

- 갑 : 50%
- 을(갑의 배우자) : 25%
- 병(갑을의 자녀) : 25%

Q1. 만일 갑의 부모가 K 법인에 5억 원을 증여한다고 할 때 주주에 대한 증여세 과세 여부는? 이에 대한 법인세는 1억 원이 나왔다고 하자.

증여재산가액이 5억 원이고 이 중 1억 원이 법인세로 납부됐으므로 이 중 4억 원이 증여이익이 된다.

구분	주주별 증여이익	주주에 대한 증여세 과세 여부
갑	2억 원	과세됨.
을	1억 원(미만)*	×
병	1억 원(미만)	×

* 주주별 증여이익이 1억 원 이상이면 과세가 된다. 따라서 실전에서는 1억 원 미만이 되어야 한다.

Q2. 사례에서 갑만 증여세가 나오는 이유는?

지분율이 높은 관계로 증여이익이 1억 원을 초과하기 때문이다.

Q3. 만일 갑의 지분 중 절반을 다른 자에게 이전하면 증여세 문제는 없는가?

그렇다. 주주가 4명이 되고 지분율이 25%로 균등해지면 각자의 증여이익이 1억 원 미만이 될 수 있기 때문이다.

Q4. 만일 갑의 부모가 유증을 통해 K 법인에 상속하려고 한다면 이 경우 주주구성에는 어떤 문제가 있는가?

주주 중에 상속인과 그 비속이 있는 경우에는 해당 주주에게 상속세가 부과될 수 있다. 따라서 이를 피하기 위해서는 갑과 병이 주주에서 제외되어야 한다.

Tip ㅤㅤㅤㅤ법인증여의 실행과 각종 세무신고

법인 주주구성이 완료됐다면 이후에는 법인증여를 실행할 수 있다. 법인증여는 증여계약서를 작성해서 실행하며, 다음 해 3월 중에 법인세 신고를 하게 된다.

구분	신고기한	비고
법인세	증여를 받은 다음 해 3월	12월 말 법인인 경우
취득세	증여일이 속한 달의 말일로부터 3개월	

법인증여와
상속세 합산과세

법인에 재산이나 이익을 증여하면 법인세와 주주에 대한 증여세 문제가 발생한다. 그런데 증여자가 사망한 경우에는 상속세 합산과세의 문제가 있다. 다음에서 이와 관련된 세무상 쟁점을 알아보자.

1. 법인증여와 상속세 합산과세

법인증여재산에 대한 상속세 합산과세는 5년이다. 따라서 법인에 증여한 후에 5년 이내에 상속이 발생하면 합산과세를 검토해야 한다.

1) 증여가 1회로 끝난 경우

현금이나 부동산 등을 1회로 법인에 증여한 경우에는 해당 증여를 기준으로 5년을 판단하면 된다. 따라서 이때 증여가 5년을 벗어나면 상속세 합산과세가 적용되지 않는다.

2) 증여가 계속 이어진 경우

금전의 무상대출이나 무상부동산사용 등은 증여가 1회로 끝나는 것이 아니라, 계속 이어지므로 이를 일정 기간 묶어 이익을 계산할 수밖에 없다. 따라서 증여가 계속 이어지면 상속개시일을 기준으로 소급해서 5년간 발생한 이익에 대해서는 합산과세가 적용된다.

3) 합산과세가 적용되는 경우의 증여세액공제

법인증여분에 대해 합산과세가 적용되면 이중과세의 문제가 있으므로 영리법인에 사전 증여한 재산은 합산과세 대상으로 증여세액공제는 증여받을 당시의 상증법에 따라 계산한 증여세 산출세액 상당액을 기납부세액(증여세액공제)으로 공제한다.

※ 상증, 재산세과-7, 2011.01.05

[제목] 상속인이 아닌 자에게 증여한 경우 증여세액 공제

[요지] 상속개시일 전 5년 이내에 피상속인이 상속인이 아닌 영리법인에 증여한 재산을 상속재산에 가산한 경우 당해 증여재산에 대한 증여 당시의 증여세 산출세액 상당액을 공제함.

2. 법인주주의 증여와 합산과세

법인증여 시 법인 주주에게 증여세가 과세될 수 있다. 이때 상속세 합산과세에서 해당 주주가 상속인에 해당하면 10년, 상속인 외의 자는 5년이 적용된다.

1) 증여가 1회로 끝난 경우

현금이나 부동산 등을 1회로 법인에 증여한 경우에는 해당 증여를 기준으로 5~10년을 판단하면 된다. 따라서 이때 증여가 5~10년을 벗어나면 상속세 합산과세가 적용되지 않는다.

2) 증여가 계속 이어진 경우

금전의 무상대출이나 무상부동산사용 등은 증여가 1회로 끝나는 것

이 아니라, 계속 이어지므로 이를 일정 기간 묶어 이익을 계산할 수밖에 없다. 따라서 증여가 계속 이어지면 상속개시일을 기준으로 소급해서 10년 또는 5년간 발생한 이익에 대해서는 합산과세의 문제가 있다.

3) 합산과세가 적용되는 경우의 증여세액공제

주주에 대해 합산과세가 적용되는 경우 증여세 산출세액 상당액은 상속세 산출세액에서 공제된다.

※ 법인증여 시 상속세 합산과세 기간

구분	법인	주주	
		상속인	상속인 외
1회의 증여	5년	10년	5년
계속되는 증여(증여이익)	5년	10년	5년

증여 후 5년 내에 상속이 발생하면, 법인에 대한 증여분만 합산과세한다. 그런데 이때 무상대출이자에 의한 증여이익에 대해서도 법인세가 과세할 수 있으나 현행 법인세법은 이에 과세하지 않고 있다. 따라서 상속개시일로부터 5년을 벗어나면 주주에 대한 증여세 과세문제만 있다고 할 수 있다. 하지만 최근 조세심판원에서는 5년 내 무상대출이자를 법인이 증여받은 것으로 보아, 이를 상속재산가액에 합산하는 일이 벌어졌다. 자세한 것은 7장을 참조하기 바란다.

　법인증여는 개인의 상속세를 절감하는 차원에서 개인으로의 증여나 매매 등이 한계가 있는 상황에서 진행되는 경우가 많다. 개인증여보다 합산과세 기간이 줄어드는 장점도 있고, 잘만하면 20%의 세율 내에서 세금처리를 할 수 있기 때문이다. 다만, 개인증여나 매매를 무시할 수는 없으며, 통상 개인에 대한 증여 등을 검토한 후에 법인에 대한 증여 등을 추가로 검토하는 것이 좋다. 다음에서는 상속세 절세를 위한 법인증여 플랜에 대해 알아보자.

1. 상속세 최소화

　법인증여는 상속세 최소화를 위해 재산의 사전분산과 밀접한 관련이 있다. 이를 위해서는 10년 후에 발생할 상속세를 현재 시점에서 예측해 보고 현재 시점에서 이에 대한 대비를 함으로써 향후 발생할 상속세를 최소화하도록 한다. 그런데 이때 개인과 법인에 대한 사전 증여 등을 하면 세금이 증가하므로 상속세 절감액과 비교해 늘어나는 세금이 더 적도록 대안을 만들어야 한다.

※ 재산분산의 방법들

구분	개인	법인
증여	1	4
매매	2	5
부담부 증여	3	6

2. 법인증여 등의 실행

　상속세 절세를 위해 법인증여 등은 다음과 같은 순서로 진행한다.

- 1단계 : 상속세 예측
- 2단계 : 개인과 법인을 통해 사전 증여 등을 하는 안
- 3단계 : 잔여재산에 대해 법인과 개인을 통해 상속하는 안

이를 위해 사전 증여에 따라 부담하는 증여세와 법인세의 세율이 각각 20~30% 내외에서 발생하는 식으로 검토를 한다. 한편 사전에 증여한 재산은 향후 10년(상속인 외의 자는 5년) 이내에 상속이 발생하면 상속재산가액에 합산하는 식으로 세법이 정비되어 있다. 이러한 점을 고려하여 사전 증여금액이 상속재산가액에 합산과세가 되지 않도록 검토한다.

3. 적용 사례

K 씨는 현재 75세로 100억 원대의 재산을 보유하고 있다. 그는 개인과 법인을 통해 상속세 절세계획을 세웠다. 다음 자료를 보고 물음에 답해보자.

| 자료 |
- 가족 관계 : 자녀 2, 손·자녀 4명
- 배우자가 없는 관계로 상속공제액은 10억 원 예상
- 현재의 재산에 대해 상속세가 나오면 40억 원 정도 예상

앞에서 본 법인증여 플랜을 가동해보자.

1) 1단계 : 상속세 예측
앞의 자료에서 보았듯이 40억 원 정도로 예측됐다.

2) 2단계 : 개인과 법인을 통해 사전 증여 등을 하는 안

개인과 법인을 통해 사전 증여하는 안은 실무적인 것으로 엑셀 등을 통해 시뮬레이션하는 것이 좋다. 이의 분석을 위해서는 가정이 필요하다.

① 가정

- 본 건의 상속개시는 현재로부터 10년 후를 가정한다.
- 사전 증여에 따른 상속세 합산과세가 적용되지 않도록 사전 증여 시점을 예상 상속개시일로부터 10년(상속인), 5년(상속인 외의 자)간을 고려한다.
- 자녀 등에 대한 증여세 계산 시 편의상 증여공제(자녀 5,000만 원, 손·자녀 2,000만~5,000만 원, 며느리 1,000만 원)는 고려하지 않는다.
- 개인 증여세는 증여세율이 20%를 초과하지 않도록 한다. 다만, 손·자녀에 대한 증여 시 30% 할증 과세가 되므로 이 경우에는 26%로 적용되는 세율이 다소 인상된다.
- 법인에 대한 증여금액 산정 시 주주 1인당 1억 원 이내의 금액을 고려한다.
- 법인세율은 19%를 초과하지 않도록 한다.

② 분석결과

개인증여의 경우 각 개인당 증여세율 20%(할증 과세 적용) 이내의 금액을 사전에 증여하는 것으로 하며, 법인증여의 경우에는 법인세율 19% 및 주주에 대한 증여세 과세문제를 고려해서 증여재산가액을 산정했다.

구분	상속세 예상액 (❶)	사전 증여금액	사전 증여 시 납부세액(❷)	사전 증여 후 상속세 예상액(❸)	1차 계획의 절세효과 (❹=❶-(❷+❸))
자녀1					
자녀2					
손·자녀4					
법인					
계					

3) 3단계 : 잔여재산에 대해 법인과 개인을 통해 상속하는 안

총 재산에서 사전 증여한 금액을 차감한 잔액은 사전 증여의 실익이 없으므로 향후 상속이 발생하면 일부는 영리법인에 유증, 일부는 개인 재산으로 상속세를 내는 방안을 검토한다.

구분	잔여 상속세 예상액(❶)	상속재산 배분 (80%, 20%※)	상속 시 예상세액(❷)	2차 계획의 절세효과 (❸=❶-❷)
법인상속				
개인 상속				
계				

※ 상속재산 배분율은 엑셀 자료를 통해 자유롭게 변경해서 사용할 수 있다.

이를 좀 더 구체적으로 살펴보면 사전 증여 후 남은 재산은 K 씨가 계속 관리하게 되며, 향후 상속이 발생하면 이 중 일부는 상속인과 직계비속이 주주가 아닌 법인에 유증을 통해 상속하고, 나머지는 개인의 유산으로 처리하는 것으로 검토한다.

4) 총 결과

이상의 내용을 분석한 결과를 요약하면 다음과 같다.

당초 상속세 예상액	1차와 2차 계획으로 납부할 세액			당초 대비 절세액
	사전 증여로 납부해야 할 세액	상속 시 납부할 세액	계	

오래된 상가건물을 보유하고 있는 경우 이를 무턱대고 팔면 양도세가 많이 나오는 경우가 일반적이다. 그래서 양도세를 줄이기 위해 개인에게 증여한 후 양도할 수 있다. 그런데 2023년 이후의 증여분부터는 이에 대한 효익이 줄어들게 됐다. 취득가액 이월과세 기간이 5년에서 10년으로 늘어났기 때문이다. 이 제도는 배우자 등으로부터 증여받은 부동산 등을 10년 이내에 양도하면 양도세 계산 시 취득가액을 당초 증여자의 것으로 하는 제도에 해당한다. 그렇다면 이러한 상황에서 법인에 증여하면 어떨까? 다음에서 이에 대해 분석해보자.

1. 증여 후 양도 시 적용되는 제도

1) 개인

이 제도는 배우자와 직계존비속(비속의 배우자는 제외)으로부터 증여받은 자산을 증여받은 날로부터 10년(2022년 증여분은 5년) 이내에 양도할 때 취득가액을 그 배우자 또는 직계존비속의 취득 당시의 가액으로 하는 제도를 말한다. 다만, 다음 사유에 해당하면 이 제도를 적용하지 않는다.

① 수용되는 경우(사업인정고시일부터 소급해서 2년 이전에 증여해야 함)
② 이월과세를 적용할 경우 1세대 1주택 비과세가 적용되는 경우(증여일로부터 2년 미만 보유 후 양도 시에 발생함)
③ '이월과세 적용 후의 양도세 < 이월과세 미적용 시의 양도세'인 경우(이 제도의 적용으로 세 부담이 오히려 감소하는 문제점을 방지)

2) 법인

법인은 개인처럼 이월과세제도가 적용되지 않는다.

2. 적용 사례

사례를 통해 앞의 내용을 확인해보자. 다음 자료를 보고 물음에 답해보자.

> **| 자료 |**
>
> K 씨는 현재 75세임.
>
> 현재 보유한 건물이 곧 수용될 것으로 보임.
>
> - 양도가액 60억 원, 취득가액 10억 원, 양도차익 50억 원 예상(30년 보유)
>
> - 감정평가액은 50억 원 예상
>
> 상속이 발생할 경우 이 건물에 대한 세율은 50% 적용 예상

Q1. 이 건물의 예상 양도세는?

50억 원 중 장기보유특별공제 30%를 적용하면 과세표준은 35억 원이 된다. 이에 45%와 6,594만 원의 누진공제를 적용하면 15억 900만 원 정도가 된다. 지방소득세를 더하면 16억 6,000여만 원이 된다.

Q2. 양도 후 상속하면 전체 예상되는 세금은?

• 양도세 16억 6,000만 원

• 상속세 17억 1,000만 원*

  * (60억 원-16억 6,000만 원)×50%-4억 6,000만 원=17억 1,000만 원

• 계 : 33억 7,000만 원

▶ 이렇게 양도하고 상속을 하게 되면 다음과 같은 순 현금 흐름을 얻는다.

- 양도가액-취득가액-(양도세+상속세)=60억 원-10억 원-(33억 7,000만 원)=16억 3,000만 원(2명 기준)

Q3. 취득가액 이월과세를 피하고자 며느리 2명에게 증여한 후 양도하는 계획은 타당성이 있을까?

일단 며느리에게 증여하면 다음과 같이 증여세와 취득세가 발생하며, 양도세는 발생하지 않는다. 또한, 상속세 합산과세 기간(5년)을 벗어나면 상속세와도 무관하다.

- 증여세 : 25억 원×40%(누진공제 1.6억 원)=8억 4,000만 원(2명 16.8억 원)
- 취득세 : 50억 원×4.6%=2억 3,000만 원
- 계 : 19억 1,000만 원(2명 기준)

이 안은 현재의 안(Q2)보다 조금은 나은 안이 된다. 증여세와 취득세를 내는 대신 양도세와 상속세를 피할 가능성이 있기 때문이다.

Q4. 이 건물을 법인에 증여한 후 법인이 양도하는 계획은 타당성이 있을까?

일단 법인에 증여 시 법인세와 취득세, 그리고 주주에 대한 증여세 세가지 세목이 발생한다. 일단 법인세와 취득세만 보자.

- 법인세 : 50억 원×19%(2,000만 원)=9억 3,000만 원(지방소득세 포함 시 10억 2,300만 원)
- 취득세 : 50억 원×4.6%=2억 3,000만 원
- 계 : 12억 5,300만 원

법인세와 취득세만 보면 앞의 며느리들에게 증여한 것보다는 다소 유리하다. 그런데 법인의 경우에는 주주에 대한 증여세 문제가 있다. 다

만, 다음과 같은 식으로 하면 이러한 문제를 비켜나갈 수 있다.

- 수증 법인의 주주는 K 씨와 며느리로 구성하되 대부분 지분은 K 씨 가 보유하는 식으로 주주구성(K 씨가 법인에 증여한 경우에는 주주 본인에 대한 증여세는 없음)
- K 씨 재산은 법인에 유언으로 증여하는 안을 추진

제7장

법인의 가수금과
세무상 쟁점

법인의 자금과
세무상 쟁점

법인을 설립한 후에 법인과 특수관계에 있는 자로부터 자금을 차입하거나 대여할 때는 세법상 규제에 유의해야 한다. 이에 대해서는 다양한 규제들이 많이 있기 때문이다. 다음에서 이에 대해 알아보자.

1. 법인의 자금 유출입과 세무상 쟁점

1) 가수금

법인이 자금이 부족하면 외부에서 자금을 조달해서 사용한다. 그런데 이때 해당 법인과 특수관계인으로부터 자금을 조달하는 경우가 많은데 이를 가수금이라고 한다. 그렇다면 이에 대해서는 세무상 어떤 쟁점이 발생할까? 먼저 세법은 어떤 식으로 이를 취급하는지부터 알아보자.

- 무이자로 조달 시 : 법인에 대해 규제를 하지 않으나, 해당 법인의 주주에 대해서는 증여이익이 1억 원 초과 시 증여세를 과세한다.
- 유이자로 조달 시 : 지급한 이자에 대해 27.5%로 원천징수를 해야 한다. 참고로 지급이자율이 4.6%를 벗어나면 부당행위계산 규정을

적용한다.

2) 가지급금

법인의 자금을 무단으로 유출하면 이를 가지급금으로 보아 세법상 규제를 한다.

- 이자를 지급하기로 약정한 경우→이자를 수수하므로 세법상 규제가 없다(단, 적정 이자율 4.6%와 차이가 난 경우에는 규제함).
- 이자 지급을 약정하지 않은 경우→가지급금에 대한 인정이자(4.6%)를 계산한 후 이를 각각 법인과 개인의 소득으로 보아 과세한다.

※ 가수금과 가지급금에 대한 세무상 쟁점

구분		내용
가수금	개인 자금을 입금 후 사용	· 법인으로서는 차입금이 됨(가수금이라고 함). · 가수금에 대해서는 이자를 지급하지 않아도 세법상 문제는 없음 (단, 무상대여 가수금이 주주당 20억 원이 넘어가는 경우 무상이자에 대해 증여세 과세문제가 발생함).
가지급금	법인의 자금을 무단유출	근거 없이 유출한 자금은 실무상 가지급금으로 부르며, 이에 4.6%의 이자를 법인의 수익으로 대표이사의 상여로 보아 법인세와 근로소득세를 과세함.

2. 적용 사례

사례를 통해 앞의 내용을 확인해보자. 다음 자료를 보고 물음에 답해보자.

| 자료 |
· K 법인의 주주구성은 다음과 같음.
 - 갑 : 25%

> – 을(갑의 배우자) : 25%
> – 병(자녀) : 25%
> – 정(자녀) : 25%

Q1. 갑이 20억 원을 K 법인에 무이자로 빌려주었다. 이 경우 법인은 얼마만큼의 이익을 보는 셈인가?

20억 원에 세법상 인정이자율 4.6%를 곱하면 1년간 9,200만 원이 된다.

Q2. Q1처럼 법인이 9,200만 원의 혜택을 받았지만 이에 대해서는 법인세를 과세하지 않는다. 왜 그럴까?

해당 금액이 장부에 계상되지 않음에 따라 이에 대해 법인세가 증가하는 효과가 발생하기 때문이다.

Q3. 사례에서 주주들은 증여세가 과세되지 않는가?

을과 병, 정이 얻은 이익에 대해 증여세가 과세될 수 있다. 다만, 이때 증여금액은 각 주주별로 1억 원을 넘어야 한다. 그런데 사례의 경우에는 증여이익이 각각 1억 원에 미달하므로 증여세가 나오지 않는다.

Tip	가수금에 대한 금전소비대차계약서 작성 시 검토

- 개인과 법인 간 이에 대한 계약서를 작성하는 것이 원칙(향후 해명 자료로 활용)
- 이때 이자율은 0~4.6% 선에서 정할 수 있음(개인이 무이자로 대부한 경우에는 세법상 규제가 없음. 다만, 주주가 부모의 자금을 무상으로 얻은 이익이 1억 원 이상이면 주주에게 증여세가 발생함. 법인의 경우 이자 비용 과소계상으로 법인이익이 많아지며, 이는 법인세 납부로 귀결됨).
- 적정 이자율 선택 : 향후 예상되는 이익과 개인이 부담하는 소득세(금융소득 종합과세), 증여세 등을 고려해서 적정 이자율 선택

가수금과
세무상 쟁점

　최근 법인을 운영하면서 부족한 자금을 개인의 자금으로 충당하는 일들이 많아지고 있다. 아무래도 금융기관의 높은 이자율로 인해 개인 자금을 동원하는 것이 유리하기 때문이다. 그런데 가수금 액수가 얼마 되지 않으면 문제가 되지 않지만, 그 금액이 큰 경우에는 다양한 세무상 쟁점이 파생한다. 다음에서 법인가수금과 관련된 세무상 쟁점을 살펴보자.

1. 법인가수금과 세무상 쟁점
　법인가수금에 대한 세무상 쟁점을 개인과 법인 측면에서 정리하면 다음과 같다.

	개인	법인
입금 시	-	-
사용 시	-	· 법인세는 규제 없음. · 주주에 대한 증여세 과세

채무면제 시	-	· 채무면제익 : 법인세 과세 · 주주에 대한 증여세 과세
자본전입 시	고가나 저가로 주식발행 시 증여세 과세	-
상환 시	-	· 이자 지급 시 : 27.5% · 무이자 : 문제없음.

상속 발생 시	· 가수금은 상속재산가액에
	  포함*
	· 법인에 무상대여 이자액
	  상속재산가액에 포함
		-

* 가수금은 개인으로서는 채권에 해당하므로 상속재산가액에 이를 포함하는 것이 원칙이다. 다만, 당해 채권의 전부 또는 일부가 상속개시일 현재 회수 불가능한 것으로 인정되는 경우에는 그 가액은 상속재산가액에 산입하지 아니한다(서면 4팀-1609, 2006.6.7). 한편 가수금 채권을 포기한다는 각서가 있는 경우에도 이를 상속재산가액에 합산하는 것이 원칙이다.

2. 적용 사례

사례를 통해 앞의 내용을 확인해보자. 다음 자료를 보고 물음에 답해보자.

| 자료 |
· K 씨는 A 법인에 자금을 대여하고자 함.

Q1. K 씨가 법인에 자금을 대여 시 무이자의 방식도 상관없는가?

그렇다. 소득세법에서는 사업소득과 기타소득만 부당행위계산제도를 두고 있기 때문이다.

Q2. 법인에 자금을 대여할 때는 금전소비대차계약서(차용증)를 작성해야 하는가?

의무는 아니지만 추후 입증을 위해서는 이를 작성해두는 것이 좋다.

Q3. 만일 이자를 지급하기로 한 경우 개인과 법인은 무엇에 주의해야 하는가?

개인은 이자소득이 발생하는데 배당소득과 합해 2,000만 원이 넘어가면 금융소득 종합과세가 적용되며, 건강보험료에 영향을 미친다. 법인은 27.5%로 원천징수의 의무가 발생한다.

Q4. K 씨는 법인에 대여한 자금을 회수하는 것을 포기했다. 이 경우 개인과 법인에는 어떤 문제가 발생하는가?

K 씨는 문제가 없다. 하지만 법인과 법인의 주주에 대해서는 다음과 같은 문제점이 발생한다.

- 법인→채무면제에 따른 이익은 법인의 수익에 해당하므로 법인세가 과세된다.
- 법인의 주주→특정 법인의 주주가 증여받은 이익은 증여세 과세대상이 된다.

※ **재산세과-287, 2010.05.13**
비상장주식 평가 시 법인이 실제 부담하여야 할 채무인 가수금인 경우는 자산에서 차감하는 부채에 해당하는 것이며, 특정 법인에 대해 채권을 포기하는 경우 최대주주 등이 얻은 이익에 대해 증여세가 과세됨.

가수금 무상이자에 대한
주주의 증여세 과세

　개인이 특수관계에 있는 법인에 가수금을 무이자로 대여하는 경우가 많다. 이때 가수금은 차입금이므로 이에 대해서는 세법상 쟁점이 그리 많이 발생하지 않으나, 이자에 대해서는 주주에 대한 증여세가 나올 수 있다. 이에 대해 다음에서 알아보자.

1. 무상대여 이자와 증여세 과세

　상증법 제45조의 5에서는 특정 법인에 무상으로 현금을 대여한 경우 상증법 제41조의 4의 규정을 적용해 증여이익을 계산하도록 하고 있다. 그리고 이렇게 계산된 1년간의 이익이 주주별로 1억 원 이상이면 주주에게 증여세를 과세하도록 하고 있다.

> **상증법 제41조의 4(금전 무상대출 등에 따른 이익의 증여)**
> ① 타인으로부터 금전을 무상으로 또는 적정 이자율보다 낮은 이자율로 대출받은 경우에는 그 금전을 대출받은 날에 다음 각 호의 구분에 따른 금액을 그 금전을 대출받은 자의 증여재산가액으로 한다. 다만, 다음 각 호의 구분에 따른 금액이 대통령령으

로 정하는 기준금액 미만인 경우는 제외한다.(2015.12.15 개정)

1. 무상으로 대출받은 경우 : 대출금액에 적정 이자율을 곱하여 계산한 금액(2010. 01.01 개정)

2. 적정 이자율보다 낮은 이자율로 대출받은 경우 : 대출금액에 적정 이자율을 곱하여 계산한 금액에서 실제 지급한 이자 상당액을 뺀 금액(2010.01.01 개정)

② 제1항을 적용할 때 대출기간이 정해지지 아니한 경우에는 그 대출기간을 1년으로 보고, 대출기간이 1년 이상인 경우에는 1년이 되는 날의 다음 날에 매년 새로 대출받은 것으로 보아 해당 증여재산가액을 계산한다.(2015.12.15 신설)

2. 적용 사례

사례를 통해 앞의 내용을 확인해보자. 다음 자료를 보고 물음에 답해보자.

| 자료 |

· 지분율은 40%(부) : 40%(모) : 20%(자녀)임.

· 이 상태에서 부모의 가수금이 대략 100억 원이 발생함. 자녀가 부담한 자금은 없음.

Q1. 사례에서 주주인 자녀의 경우 무상자금사용이익에 따른 증여이익은? 단, 가수금은 2024년 1월 1일에 입금됐다고 가정한다.

· 증여이익 : 100억 원×4.6%×20%=9,200만 원

주주인 자녀에게 1억 원 미만의 증여이익이 발생하므로 증여세 과세 문제가 발생하지 않는다.

Q2. 이제 해가 바뀌어 2025년이 됐다고 하자. 자료의 내용은 같다고 할 때 2025년에도 주주에 대한 증여세는 과세되지 않는가?

그렇다. 역시 1년간의 이익이 1억 원에 미달하기 때문이다.

Q3. 이 사례를 통해 알 수 있는 것은?

주주에 대한 증여세가 과세되지 않기 위해서는 1년간의 무상대여금액을 20억 원 이하로 만든다.

가수금의 자본전입과
세무상 쟁점

　개인이 법인에 대여한 가수금을 자본전입하는 경우가 있다. 가수금
은 부채이고 이의 금액이 많다 보면 부채비율이 높아지는 등 재무상태
표의 내용이 안 좋아진다. 이에 금융기관 등에서 가수금을 자본으로 전
입하기를 원하는 일들이 종종 있다. 그런데 이때 세무상 쟁점을 누락하
면 예기치 못한 봉변을 당할 수 있으므로 주의해야 한다.

1. 가수금의 자본전입과 세무상 쟁점

　가수금 자본전입에 대해서는 상법 등에서 제한이 없다. 따라서 법인
이 보유한 가수금은 언제든지 자본에 전입할 수 있다. 예를 들어 가수금
1,000만 원을 주당 5,000원(액면가)으로 신주를 발행하면 다음과 같이
회계 처리를 하게 된다.

　(차변) 차입금 10,000,000　(대변) 자본금 10,000,000

　그런데 여기서 신주발행가액이 세법상 시가와 동떨어지게 발행되면
상증법 제39조의 증자에 따른 증여의제 규정이 적용된다. 이 규정은 증

자 과정에서 주주 간의 불균등 증자를 통해 부의 이전이 되면 증여세를 과세하기 하기 위한 취지가 있다. 따라서 가수금의 자본전입도 이 규정을 적용받으므로 신주발행 시 시가를 기준으로 신주인수가액이 결정되어야 한다. 만일 시가보다 저가나 고가로 주식을 발행하면 증여이익이 발생해 증여세가 과세될 수 있음에 유의해야 한다.

2. 적용 사례

다음 자료를 보고 물음에 답해보자.

| 자료 |
- K 법인의 최근 3년간의 누적결손금 : 10억 원
- K 법인의 재무상태표 중 주택의 장부가액 : 10억 원(현재 시세 40억 원)
- K 법인의 순 자산 가치 : 20억 원
- K 법인의 주주구성
  - 갑 : 50%(1만 주)
  - 을(자녀) : 50%(1만 주)
- 갑이 법인에 대여한 자금 : 10억 원

Q1. K 법인은 갑이 대여한 자금 10억 원을 자본에 전입하기로 했다. 자본전입에 대한 제한은 없는가?

그렇다. 가수금도 자본전입이 가능하기 때문이다.

Q2. K 법인은 누적결손금이 커 주식 가치는 없는 것으로 보아 주식의 액면가액(주당 5,000원)기준으로 20만 주를 갑에게 교부했다. 이 경우 지분율은 어떻게 변동하는가?

구분	변경 전	변경 후
갑	10,000주/50%	210,000주/95.5%
을	10,000주/50%	10,000주/4.5%
계	20,000주/100%	220,000주/100%

Q3. Q2처럼 지분율이 변동하면 주주에 대한 증여세 문제가 발생하는가?

증자 과정에서 주주의 지분율이 바뀌면 증여세 문제가 발생할 개연성이 크다. 이에 상증법 제39조에서는 주식발행가액이 시가보다 낮게 또는 높게 결정되면 증여세를 과세하도록 하고 있다.

Q4. 사례의 경우 세법상 주당 가액은 얼마인가? 주어진 자료를 기준으로 계산해보면?

3년간의 누적결손금이 발생한 법인은 순 자산 가치를 주식 수로 나누어 주식평가를 한다. 따라서 사례의 경우 순 자산 가치는 20억 원이므로 주당 평가액은 다음과 같다.

• 20억 원/20,000주=10만 원/주당

Q5. 만일 시가에 맞춰 주식을 발행했다면 이 경우 주식 수와 재무상태표 표시는?

10억 원을 10만 원으로 나누면 1만 주가 된다. 이 경우 자본표시는 다음과 같다.

자산	부채
	자본금 50,000,000원 주식발행초과금 950,000,000원

▶ 참고로 앞의 주식의 시가는 상증법상의 절차에 따라 평가된 주식평가액으로 확인해야 한다. 이때 법인이 보유하고 있는 부동산의 경우 시가와 기준시가의 차이가 크면 반드시 감정평가를 받아 주식을 평가하는 것이 좋다. 기준시가로 부동산을 평가하면 과세당국에서 감정평가를 받아 주식을 평가할 수 있기 때문이다.

Q6. 사례에서 주주에 대한 증여재산가액은 얼마나 될까? 단, 증자 후 세법상 주당 평가액은 1만 원이라고 하자. 구체적인 계산방법은 상증법 제39조와 상증령 제29조 등을 참조하기 바란다.

구분	증여금액	비고
갑	(1만 원−신주발행가 5,000원)×(20만 주−1만 주)* =9억 5,000만 원 * 균등한 조건에 의해서 배정받을 신주 수를 초과해서 배정받은 자의 경우에는 그 초과 부분의 신주 수를 말함.	갑은 신주인수인으로 저가 발행에 따른 증여이익이 발생
을	−	

신주를 시가보다 낮은 가액으로 발행하는 경우에는 신주인수인이 수증자가 될 수 있으며, 반대로 시가보다 높은 가액으로 인수하는 경우에는 기존 주주에게 증여이익이 발생할 수 있다.

Q7. 사례의 경우 증여문제가 없어지려면 어떻게 해야 하는가?

가수금의 자본전환 시 다른 주주도 자신의 지분율에 해당하는 금액을 출자하면 된다. 하지만 사례처럼 가수금만 자본 전입할 때는 상증법상 주식의 시가에 맞춰 주식을 배정해야 한다.

※ 상증법상 유상증자 유형별 증여세 과세 여부 요약(상증법 제39조 참조)

- 일반공모 : 증여세 과세제외됨.
- 구주주 배정 → 균등배정 시 증여세는 과세되지 않음.
- 구주주 배정 → 실권주 발생해 재배정 시 증여세 과세대상임.
- 구주주 배정 → 실권처리 시 증여세 과세대상임.
- 제3자 배정 → 증여세 과세대상임.
  ▶ 신주를 시가대로 발행하는 경우에는 과세되지 않음.

가수금 보유 중 상속이 발생한 경우

가수금을 보유한 상태에서 상속이 발생할 수 있다. 이때 가수금은 피상속인의 채권이 되므로 상속재산가액에 산입된다. 그런데 문제는 가수금 무이자도 증여로 보아 상속재산가액에 합산되는 때도 있다는 것이다. 다음에서 이에 대해 알아보자.

1. 가수금과 상속세

가수금은 개인의 재산에 해당하므로 원칙적으로 상속재산에 포함된다.

2. 가수금 무상이자와 상속세

앞에서 보았듯이 가수금의 무상이자에 대해서는 주주에게 증여세가 과세될 수 있다. 물론 증여이익이 1억 원 미만이 되면 증여세가 없다. 따라서 이 경우 상속세 합산과세가 어떤 식으로 적용되는지 정리해보자.

1) 증여세가 과세되는 경우

① 주주가 상속인에 해당하는 경우

증여이익에 대해 10년간 합산과세가 발생한다. 예를 들어 매년 증여이익이 2억 원인 상태에서 10년 이내에 상속이 발생하면 10년간의 증여이익 20억 원이 상속재산가액에 포함된다는 것이다.

▶ 상당히 주의를 필요로 하는 대목에 해당한다.

② 주주가 상속인 외의 자에 해당하는 경우
합산과세 기간은 5년이 적용된다.

2) 증여세가 과세되지 않은 경우

이 경우에는 상속세 합산과세가 적용되지 않는다. 그런데 최근 조세심판원에서는 이러한 상황에서 법인이 무상으로 받은 이자를 증여받은 것으로 해서 이를 상속재산가액에 합산하는 것을 인정하기에 이르렀다. 상당히 논란이 있는 것으로 구체적인 것은 다음 사례를 통해 확인해보자.

3. 적용 사례

K 법인은 다음과 같이 주주가 구성되어 있다. 물음에 답해보자.

| 자료 |
* 갑 : 70%
* 을(갑의 배우자) : 20%
* 병(자녀) : 10%

Q1. 갑이 법인에 100억 원의 가수금을 입금했다. 이에 대한 세법상 이자는 연간 얼마인가?

100억 원의 4.6%인 4억 6,000만 원이 된다.

Q2. 이 무이자금액에 대한 주주의 증여세 과세 여부는?

갑은 자신에게 증여한 것으로 증여세 과세대상에서 제외되는 한편, 을과 병은 각각 증여이익이 1억 원에 미달하므로 증여세가 나오지 않는다. 참고로 법인의 경우 이에 대해서는 명목상 법인세가 부과되지 않으나, 이자 비용 미계상으로 인해 법인이익이 증가해 사실상 법인세를 내는 효과가 발생한다.

Q3. 만일 갑이 사망한 경우 가수금은 상속재산가액에 포함된다. 그렇다면 무상대여 이자액은 상속재산가액에 포함되는가?

앞에서 보았듯이 주주당 1억 원 미만이 되면 증여세가 과세되지 않는다. 따라서 이 금액은 상속세 합산과세가 적용되지 않는다.

Q4. 최근 조세심판원(조심 2022서2030, 2022.9.7)에서는 Q3와 같은 상황에서 무상대여이익을 법인이 증여받은 것으로 보아 상속세 재산가액에 포함하는 것을 인정했다. 어떤 근거에 따른 것인가?

앞의 심판례에서는 상증법 제45조의 5를 적용해서 주주별로 상증법 제41조의 4를 준용해 금전 무상대출에 따른 이익의 증여의제를 계산한 결과 "갑"은 자기증여에 해당해 증여세 과세대상에 해당하지 아니하고, "을"은 대출 기간별로 1억 원에 미달해 증여세 과세대상에도 해당하지 아니한 결과에서, 과세관청은 상증법 제43조[증여세 과세특례]*를 적용해 영리법인이 얻은 금전 무상대출이익(심판에는 18억 4,000만 원) 전액을 같은 법 제13조 제1항 제2호**에 해당하는 것으로 하여 상속세 과세가액에 가산했다.

▶ 앞의 심판례에서 조세심판원은 영리법인이 얻은 이익과 해당 법인의 주주가 얻은 이익을 하나의 증여로 보아 영리법인이 얻은 이익이 많다고 판단해 과세한 처분은 타당하다는 결정을 했다. 하지만 증여재산의 귀속자와 적용되는 세목이 서로 같지 아니함에도 이를 동일한 것으로 보아 법을 적용한 것은 판단에 문제가 있다고 보인다. 또한, 법인은 이자 비용을 장부에 계상하지 않아 사실상 법인세를 냈다고 볼 수 있으므로, 이중과세의 문제가 있어 조세심판원의 결정은 불합리하다고 판단된다. 독자들은 이점에 유의해 향후 전개되는 과정을 지켜보기 바란다(저자의 카페로 문의해도 된다).

　세법에서는 법인의 자금을 대표이사 등이 무단으로 인출하는 것을 가지급금이라고 한다. 이러한 행위는 기업경영에 해가 되므로 세법은 이에 대해 규제하고 있다. 다음에서 사례를 통해 이를 없애는 방법을 알아보자.

| 사례 |

　K 법인기업의 재무상태표 중 자산과 자본의 현황이 다음과 같다고 하자. 물음에 답해보자.

구분		금액	내용
자산	당좌자산	10억 원	가지급금 5억 원이 포함됐음.
	재고자산	20억 원	
자본	자본금	5억 원	
	잉여금	10억 원	

Q1. 가지급금에 대해 기업회계와 세무회계는 어떤 식으로 규율하는가?

　원래 가지급금이란 거래의 내용이 불분명하거나 거래가 완결됐다고 하더라도 계정과목 등이 확정되지 않을 때 사용하는 임시계정을 말한다. 이러한 가지급금에 대해 기업회계는 결산 때 적절한 계정과목으로 대체하도록 하고 있다. 예를 들어 대표이사에게 대여한 경우에는 주주·임원·종업원단기대여금으로 계상하면 회계상 문제는 없다. 하지만 세법은 기업의 특수관계자에게 자금이 대여되면 세법상의 이자(인정이자라고 함. 통상 4.6% 기준)를 익금에 산입하는 한편, 자금 수혜자에 대해 상여 등으로 처분한다. 한편 가지급금이 있는 상태에서 기업이 청산되면 해당 금액은 배당소득 등으로 과세된다. 또한, 대표이사 등이 사망해서 상속이 발생하면 상속재산가액에 포함되는 불이익이 주어질 수 있다.

Q2. 세법상 가지급금을 없애려면 어떻게 해야 하는가?

세법은 기업의 자금이 무분별하게 사용되는 것을 방지하기 위해 앞에서 본 것과 같은 규제들을 적용하고 있다. 따라서 될 수 있는 한 가지급금을 최소화하는 것이 중요하다. 그렇다면 가지급금을 없애려면 어떻게 해야 할까?

이를 위해서는 다음과 같이 차변계정에 올 수 있는 대안을 마련해야 한다.

차변	대변
① 자산증가 : 5억 원 ② 부채감소 : 5억 원 ③ 자본감소 : 5억 원 ④ 비용발생 : 5억 원	자산감소(가지급금) : 5억 원

위의 원리에 따라 구체적으로 가지급금을 없애는 방법을 정리하면 다음과 같다.

① 자산을 증가시키는 방법 : 입금

② 부채를 감소시키는 방법 : 가수금과 상계

③ 자본을 감소시키는 방법 : 자기주식, 배당금과 상계

④ 비용을 발생시키는 방법 : 급여, 상여, 퇴직금과 상계

가지급금을 없애는 가장 확실한 방법은 해당 금액을 법인에 입금시키는 것이다. 하지만 이 부분이 여의치 않으면 다양한 대안을 모색해야 한다. 다음의 내용에서 확인하자.

Q3. K 법인은 대표이사의 사업장을 임차하고 있다. 이때 보증금을 인상하는 식으로 임대차계약을 맺고 해당 자금으로 가지급금을 상환하려고 한다. 문제는 없는가?

해당 임대차계약상의 금액이 주변의 시세와 큰 차이가 없다면 문제는 없다.

Q4. K 법인의 대표이사는 본인 소유의 사업장을 K 법인에 양도하고자 한다. 이때 받은 자금으로 가지급금을 상환하려고 한다. 문제는 없는가?

양도가액이 세법상 시가와 크게 차이 나지 않으면 문제가 없다. 여기서 시가는 주변의 시세가 형성되어 있으면 그 시세, 없으면 감정평가액이나 기준시가 등이 시가가 된다.

▶ 법인과 특수관계에 있는 개인과의 거래 시에는 거래가액이 시가에 부합해야 한다. 시가와 동떨어지면 부당행위계산 제도가 적용되기 때문이다.

Q5. 대표이사가 보유한 주식을 해당 법인에 5억 원에 양도해 상환자금을 마련하면 세법상 어떤 문제가 있을까?

대표이사가 보유한 주식은 해당 법인에 양도할 수 있다. 이를 상법상 자기주식이라고 한다. 그렇다면 해당 주식을 5억 원에 법인에 양도하면 문제는 없을까? 아니다. 주주는 해당 법인과 대표적인 특수관계자에 해당한다. 따라서 세법에서 정한 주식의 시가보다 고가로 거래한 경우에는 법인에 관해서는 부당행위계산규정을, 주주에게는 배당소득 과세 같은 불이익을 주게 된다.

Q6. 대표이사가 보유한 주식의 세법상 평가액이 5억 원이고 이를 법인이 매입해 잉여금과 소각하는 동시에 가지급금을 상환하면 세법상 문제는 없는가?

먼저 앞의 내용을 회계 처리로 살펴보면 다음과 같다.

자기주식 매입 시	자기주식 소각 시	가지급금 상환 시
(차변) 자기주식 (대변) 현금 5억 원	(차변) 잉여금 5억 원 (대변) 자기주식 5억 원	(차변) 현금 5억 원 (대변) 가지급금 5억 원

이렇게 회계 처리가 된 결과 잉여금 5억 원과 가지급금 5억 원이 감소하게 된다. 물론 자본금은 줄어들지 않았다. 그렇다면 세법상 문제는 없을까? 일단 세법상 주식평가액에 맞게 자기주식이 매입됐으므로 문제가 없다. 또한, 이익 소각도 상법상 허용되기 때문에 문제가 없다. 그리고 정당한 대가를 받아 가지급금에 상환됐기 때문에 문제가 없다. 다만, 감자 대가로 받은 금액에 대해서는 소득세 과세문제만 있을 뿐이다. 참고로 이때 소득세는 주식의 소각이나 자본감소의 일환이면 배당소득, 단순한 주식매매이면 양도소득으로 보아 과세된다(서면 1팀-177, 2005.02.03. 등).

부록

법인의
주주구성 요령

법인의 주주구성 방향

앞에서 보았듯이 법인을 통한 상속세와 증여세의 절감을 위해서는 이에 맞는 법인이 있어야 한다. 따라서 처음 계획을 할 때부터 이러한 내용을 정리해둬야 업무처리가 원활히 이루어진 것으로 보인다. 다음에서 이에 대해 알아보자.

1. 법인이 필요한 이유

상속세와 증여세 등의 절감을 위해 법인이 필요한 이유를 좀 더 구체적으로 알아보자.

1) 상속세 절세측면

영리법인에 상속하면 법인세와 주주에 대한 상속세가 발생할 수 있다. 이때 법인세와 주주상속세 절감을 위해서는 다음과 같은 법인이 필요하다.

- 결손금이 많은 법인→자산수증이익과 통산을 하면 법인세가 줄어들기 때문이다.

- 상속인과 그 비속 외 주주로 구성된 법인→법인의 주주가 상속인이거나 그 비속(손·자녀)에 해당하면 주주에게 상속세가 과세되기 때문이다.

▶ 상속세 절세를 위해 법인을 설립할 때는 이 두 가지 측면을 고려해야 한다.

2) 증여세 절세측면

영리법인에 증여하면 법인세와 주주에 대한 증여세가 발생할 수 있다. 이때 법인세와 주주증여세 절감을 위해서는 다음과 같은 법인이 필요하다.

- 결손금이 많은 법인→자산수증이익과 통산을 하면 법인세가 줄어들기 때문이다. 이는 앞의 상속과 같다.
- 주주 수가 많고 균등하게 주식을 보유한 법인→법인에 증여하면 그 법인의 주주에게 증여세가 과세되는데, 이때 주주별로 증여이익이 1억 원 미만이 되면 증여세가 과세되지 않기 때문이다.

▶ 증여세 절세를 위해 법인을 설립할 때는 이 두 가지 측면을 고려해야 한다.

3) 이 둘의 관계

법인에 대한 상속 또는 증여는 법인세 측면에서는 이해관계가 일치하나, 주주에 대한 상속세와 증여세의 과세범위에서는 차이가 있다.

구분	상속	증여
법인	법인세	좌동
주주	상속세 : 상속인과 그 비속에 한함.	증여세 : 지배주주 등*에 대해 적용함.

* 해당 법인의 임원에 대한 임면권의 행사와 사업 방침의 결정 등을 통해 그 경영에 관해 사실상의 영향력을 행사하는 주주 군으로서 이에는 배우자, 직계비속, 며느리, 사위 등이 포함된다.

2. 적용 사례

사례를 통해 앞의 내용을 확인해보자. 다음 자료를 보고 물음에 답해 보자.

> **| 자료 |**
> · 75세인 K 씨의 현재 보유 재산 : 50억 원
> · 상속공제액 : 20억 원

Q1. 상속세 예상액은 얼마인가?

과세표준이 30억 원이고 이에 대해 40%(누진공제 1억 6,000만 원)를 적용하면 10억 4,000만 원이 예상된다.

Q2. K 씨의 재산 중 10억 원을 법인에 증여하려고 한다. 이 경우 법인세만 내려면 어떻게 해야 하는가?

일단 법인주주의 수를 최대한 늘려야 한다. 1억 원 미만까지는 증여세가 나오지 않기 때문이다. 이때 다음과 같은 지침을 활용한다.

· 주주의 수는 가급적 늘려 잡는 것이 좋다.
· 주주의 지분율을 가급적 균등하게 하는 것이 좋다.
· 증여금액은 각 주주당 1억 원 미만으로 책정한다.
· 증여는 1년 단위로 시행한다.
· 상속세 합산 기간(5년)을 적용받지 않도록 법인증여를 준비한다.

Q3. K 씨는 잔여재산 40억 원 중 10억 원은 법인에 유증하려고 한다. 이때 법인이 법인세만 내려면 어떻게 해야 하는가?

일단 법인의 주주가 상속인과 그 비속 외의 자로 구성되어야 한다. 이

들에게만 상속세가 발생하기 때문이다. 이때 다음과 같은 지침을 활용한다.

- 상속법인의 주주는 가급적 상속인과 그 비속 외의 자로 구성한다(며느리, 사위 등).
- 상속법인의 주주에 상속인이 포함된 경우에는 그의 지분율은 최소화한다.

Q4. 앞의 두 상황을 보면 주주의 군이 일치되지 않는다. 현실적으로 주주구성은 어떻게 해야 하는가?

상속세 절세를 위해 재산분산을 도모하는 측면에서

- 평소에는 법인세와 주주증여세를 최소화하는 식으로 법인에 증여한 후
- 이와 별도로 개인의 유산에 대해서는 영리법인에 상속하는 방안을 마련한다.

따라서 증여와 상속을 위한 법인을 각각 운영하는 것도 하나의 대안이 된다.

신설법인과
주주구성

개인의 상속세를 대비하는 관점에서 법인을 설립한다고 하자. 이 경우 주주구성은 어떻게 해야 할까? 다음에서 사례를 통해 이에 대해 알아보자.

| 사례 |

K 씨는 70세로 많은 상속세가 예상된다. 다음 자료를 보고 물음에 답해보자.

| 자료 |

• 총 상속재산가액 : 100억 원(주택 : 20억 원, 상가 : 50억 원, 기타 현금 등 : 30억 원)
• 상속공제액 : 10억 원

Q1. 상속세는 얼마나 예상되는가?

90억 원에 50%(누진공제 4.6억 원)를 적용하면 40억 원 정도 예상된다.

Q2. 이 같은 상황에서는 10억 원을 개인에게, 20억 원을 법인에 증여하려고 한다. 법인의 주주는 어떤 식으로 구성하는 것이 좋을까?

K 씨를 제외한 배우자나 자녀(그 배우자 포함), 손·자녀 등을 포함해 주주를 구성한다. 이때 지분율도 균등하게 하는 것이 좋다. 예를 들어 주주가 5명이고 지분율이 균등할 경우 매년 5억 원을 증여받으면 주주에 대한 증여세를 내지 않는 대신 법인세만 내면 된다. 이 경우 20억 원을 모두 증여받기 위해서는 최소한 4년이 필요하다.

· 5억 원×4년=20억 원

> 🎯돌발퀴즈 만일 5명의 주주 중 한 사람의 지분율이 50%라면 이 경우 주주에 대한 증여세 문제는 어떻게 되는가?
>
> 50% 지분율 보유 주주의 경우 전체증여금액의 50%인 2억 5,000만 원이 증여이익이 되고 이 금액이 1억 원을 넘어가므로 주주에 대한 증여세가 과세된다.

Q3. 이렇게 증여가 완료된 이후 잔여재산가액은 얼마나 되는가?

당초 100억 원에서 개인증여 10억 원과 법인증여 20억 원을 차감하면 70억 원이 된다.

Q4. 만일 K 씨가 증여한 후 10년 후에 사망했다고 하자. 이 경우 상속세 합산과세는 피할 수 있다. 그런데 이때 잔여재산가액 70억 원에 대해서는 상속세가 나온다. 얼마나 나올까?

70억 원에서 상속공제액 10억 원을 차감하면 60억 원이 된다. 이에 50%(4.6억 원)를 적용하면 25억 원 정도 상속세가 나올 것으로 예상한다.

Q5. Q4의 결과를 보면 그래도 상속세 부담이 크다. 그래서 미리 법인 유증을 준비해두었다고 하자. 이때 주주구성은 어떻게 해야 하는가?

앞에서 본 증여법인의 주주는 전체 가족을 대상으로 주주 수를 늘리는 방식으로 했다. 하지만 상속법인의 주주는 상속인과 그 비속 외의 자로 구성해야 한다.

Q6. 이 사례의 목적을 달성하기 위해서는 법인이 2개 이상 존재해야 하는가?

그렇다. 하나는 증여를 받을 법인(상속인은 주주에서 제외)이고 다른 하나는 상속을 받을 법인에 해당한다.

Tip	법인설립절차	
절차	**업무 내용**	**비고**
발기인의 구성	회사의 창립 시의 구성원(1인 이상)	상법 제288조
상호 및 사업목적 결정	· 상호 : 회사명 · 목적사업 : 법인이 하고자 하는 사업의 범위*	상법 제289조
정관작성	발기인 작성	상법 제289조
주식발행사항 결정	· 발기설립 : 발기인 주식인수, 주금 납입 등 · 모집설립 : 발기인 주식인수, 주주 모집 등	상법 제291조
등록면허세 납부	· 면허세 : 0.14% · 지방교육세 : 면허세의 20%	지방세법 제28조, 제151조

설립등기	관할 등기소	상법 제317조

법인설립 및 사업자등록**	관할 세무서	법인세법 제109조

* 법인을 통해서 할 수 있는 사업의 범위는 불법적인 요소를 제외하고 모두 가능하다. 등기부 등본에 기재되는 사업의 유형을 선별해 사업자등록을 신청할 수 있다.
** 사업자등록 이후 세무일정 등은 저자의 《가족법인 이렇게 운영하라》를 참조하기 바란다.

※ 법인설립 전 결정해야 사항 등

구분	결정할 사항
1. 상호	상호 ( )
2. 회사 유형 선택	주식회사 ( ), 유한회사 ( )
3. 본점 소재지	자택 ( ) 임차 ( )
4. 자본금 액수	자본금 (원)
5. 주주구성	주주 (명) 주주명단 및 지분율 (, %) (, %) (, %) (, %)
6. 이사진 구성	이사 (명) 이사명단 ( ) ( ) ( )
7. 대표이사 선임	대표이사 (명) 대표이사명 ( )
8. 감사 선임	감사 (명) 감사명 ( )

기존법인과
주주구성

기존법인이 있는 상태에서 법인이 증여를 받거나 상속을 받을 수도 있다. 다음에서 사례를 통해 이에 대해 알아보자.

| 사례 |

K 씨는 70세로 많은 상속세가 예상된다. 다음 자료를 보고 물음에 답해보자.

| 자료 |
- 총 상속재산가액 : 100억 원(주택 : 20억 원, 상가 : 50억 원, 기타 현금 등 : 30억 원)
- 상속공제액 : 10억 원
- 법인 현황
  - 올해 실적 : 2억 원 결손 예상(전년도까지 누적결손금 3억 원)
  - K 씨 50%, 자녀 50% 지분 보유

Q1. 상속세는 얼마나 예상되는가?

90억 원에 50%(누진공제 4.6억 원)를 적용하면 40억 원 정도 예상된다.

Q2. 이 같은 상황에서 10억 원을 개인에, 20억 원을 법인에 증여하려고 한다. 법인에 증여 시 대두되는 문제점은?

법인에 증여한 금액과 5억 원의 결손금을 통산하면 법인세는 줄어들 것이나, 주주인 자녀에 대한 증여세 문제가 있다. 20억 원 중 50%인 10억 원이 증여금액이 되기 때문이다.

Q3. 자녀에 대한 증여세를 해결하는 방법은?

증여 기간을 10년으로 늘리면 증여금액이 1억 원 미만이 되므로 증여세를 내지 않을 수 있다. 한편 주주의 수를 늘리는 방법도 있다.

Q4. 만일 K 씨가 증여한 후 10년 후에 사망했다고 하자. 이 경우 상속세 합산과세는 피할 수 있다. 그런데 이때 잔여재산가액 70억 원에 대해서는 상속세가 나온다. 얼마나 나올까?

70억 원에서 상속공제액 10억 원을 차감하면 60억 원이 된다. 이에 50%(누진공제 4.6억 원)를 적용하면 25억 원 정도 상속세가 나올 것으로 예상한다.

Q5. Q4의 결과를 보면 그래도 상속세 부담이 크다. 그래서 미리 법인 유증을 준비해두었다고 하자. 이때 주주구성은 어떻게 해야 하는가?

앞에서 본 증여법인은 K 씨와 자녀 등으로 구성되어 있어 주주에 대한 상속세를 과세당할 가능성이 크다. 따라서 앞에서 본 기존법인은 상속을 받을 법인에 적합하지 않다.

Q6. 이 사례의 목적을 달성하기 위해서는 법인이 2개 이상 존재해야 하는가?

그렇게 판단된다. 하나는 증여를 받을 법인(상속인과 그 비속은 주주에서 제외)이고 다른 하나는 상속을 받을 법인에 해당한다.

Tip 　가족 간 주식 이전 시 주의할 것들

가족 간에 주식을 이전할 때 다음과 같은 사항에 주의해야 한다.

· 반드시 세법상 주식평가액을 확인해야 한다.

· 규모가 있는 부동산은 감정평가를 받아 주식평가를 한다(기준시가로 평가 시 과세관청에서 감정평가를 받아 주식평가를 할 수 있음).

· 증여를 받은 경우에는 증여세를 내야 한다.

· 매매한 경우에는 양도세와 증권거래세를 내야 한다.

비상장기업의 주식을 보유하고 있는 상황에서 이를 제3자에게 양도하거나 자녀 등 특수관계자에게 양도나 상속 또는 증여 등을 할 수 있다. 그런데 이러한 거래 과정에서 거래금액을 어떤 식으로 정하는지에 따라 다양한 세무상 쟁점이 발생할 수 있다. 다음에서는 주로 비상장주식의 평가와 관련된 세무위험 사례와 이에 대한 예방법을 알아보고자 한다.

1. 비상장주식의 평가

비상장주식의 평가와 관련된 세무위험을 예방하기 위해서는 다음과 같은 내용을 이해해두는 것이 좋다.

첫째, 비상장주식에 대한 세법상 평가법을 이해하자.

비상장주식이라면 시장에서 형성되는 시세는 없다. 따라서 이때는 세법에서 정한 증권거래법상의 평가방법을 준용해 순손익 가치와 순자산 가치를 3과 2의 비율(부동산 과다보유법인은 2:3)로 가중평균해서 주식 가치를 산정해야 한다.

- 일반법인의 1주당 평가액

$$= \frac{1주당\ 순손익\ 가치 \times 3 + 1주당\ 순\ 자산\ 가치 \times 2}{5}$$

참고로 비상장기업의 자산 중 부동산 비중이 80%를 넘을 때는 순 자산 가치로만 평가한다. 따라서 위와 같이 가중평균할 필요가 없다. 앞의 내용을 정리하면 다음과 같다.

구분	평가	비고
일반법인	(손익가치×3+자산가치×2)/5	가중평균
부동산 50% 이상 보유법인	(손익가치×2+자산가치×3)/5	가중평균
부동산 80% 이상 보유법인	순 자산 가치	가중평균하지 않음.

참고로 다음과 같은 사유가 발생할 때도 순 자산 가치로만 비상장주식을 평가한다.

※ 상증세 집행기준 63-54-2 [비상장주식을 순 자산 가치로만 평가하는 경우]

청산, 휴·폐업 등 다음의 경우와 같이 정상적인 영업활동이 이루어지지 않는 기업은 수익력 측정이 무의미하므로 순 자산 가치로만 평가하고, 영업권도 별도로 평가하지 아니한다.

① 상속·증여세 과세표준 신고기한 이내에 평가대상 법인의 청산절차가 진행 중이거나 사업자의 사망 등으로 인하여 사업의 계속이 곤란하다고 인정되는 법인

② 사업개시 전의 법인, 사업개시 후 3년 미만의 법인과 휴·폐업 중에 있는 법인

③ 평가기준일이 속하는 사업연도 전 3년 내의 사업연도부터 계속하여 결손금이 있는 법인

④ 부동산 및 부동산 권리의 평가액이 자산총액의 80% 이상인 법인

⑤ 주식이 자산의 80% 이상인 법인

⑥ 설립 시부터 존속기한이 확정된 법인으로서 평가 기준일 현재 잔

여 존속기한이 3년 이내인 법인

둘째, 최근에 신설된 주식평가액의 하한제도에 유의하자.

앞의 가중평균식으로 계산된 주식평가액이 순 자산 가치의 80%에 미달한 경우 순 자산 가치의 80%를 주식평가액으로 하는 제도가 최근 신설됐다. 이를 요약하면 다음과 같다.

• 비상장주식 평가액 = Max[현행 가중평균치, 순 자산 가치의 80%]

예를 들어 위의 가중평균식에 의해 계산한 주식평가액이 1만 원이고, 순 자산 가치가 2만 원이라면 2만 원의 80%인 1만 6,000원이 주식평가액이 된다는 것이다. 이는 손익 등을 조작해서 주가를 낮추는 것 등을 방지하기 위해 도입된 것이다.

참고로 비상장주식을 평가할 때는 최대주주 등이 보유한 주식에 대해서는 20%의 할증평가를 한다. 다만, 중소기업(중소기업기본법 제2조에 따른 중소기업을 말함)과 일부 중견기업에 대해서는 영구적으로 할증평가를 면제하고 있다(상증법 제63조 제3항).

2. 적용 사례

경기도 성남시에 있는 K 법인의 대표이사인 김수길 씨는 본인이 보유한 주식 중 1,000주를 자녀에게 양도나 증여를 통해 이전하려고 한다. 자료가 다음과 같을 때 물음에 답해보자.

① K 법인의 주식거래내용

날짜	금액(1주당)	거래 내역
20×7년 3월 1일	10,000원	
20×7년 5월 31일	20,000원	제삼자 간에 매매한 가액
20×7년 7월 1일	30,000원	제삼자 간에 매매한 가액

② 양도 또는 증여 예정일 : 20×7년 8월 1일

Q1. 세법상의 주식 가액은 얼마로 책정해야 할까?

양도나 증여를 하고자 하는 경우 시가로 신고하는 것이 원칙이다. 다만, 거래가 되지 않으면 시가를 알기 힘들어서 세법은 양도일이나 증여일 전후 3개월 내의 매매사례가액 등을 시가로 인정하고 있다. 사례의 경우 20×7년 3월 1일과 7월 1일이 모두 매매사례가액에 해당한다. 다만, 이 중 거래일과 가까운 7월 1일 자의 매매사례가액이 세법상의 평가액이 된다. 따라서 사례의 주식평가액은 다음과 같다.

• 세법상 적정가격=1,000주×@30,000원=3,000만 원

Q2. 만일 앞의 가액과 차이가 나게 양도나 증여를 하면 세무상 어떤 문제점이 있을까?

세법상의 거래가액과 차이가 나게 양도나 증여 등을 하게 되면 그 차이 액에 대해서는 소득세법상 부당행위계산제도, 상증법상 증여과세제도를 적용받을 수 있다. 그 결과 세법상의 가액과 차이가 크게 나게 거래하는 경우에는 사후에 세무검증을 받을 가능성이 커진다.

Q3. 만일 20×7년 7월 1일에 거래된 주식변동내용을 법인세 신고 시 누락했다면 어떤 불이익이 있는가?

주식이동이 된 경우 이러한 내용은 법인세 신고 시 주식 등 변동상황명세서상에 기록되어야 한다. 만일 이를 누락한 경우에는 미기재된 금액의 100분의 1 상당액을 가산세로 부과한다. 참고로 주식변동이 있는 경우 언제든지 과세관청의 조사가 있을 수 있다. 다음의 규정을 참조하기 바란다.

※ 주식변동 조사대상자의 선정(상증세 사무처리규정 제33조)

다음 각 호의 어느 하나에 해당되면 주식변동과 관련한 각종 세금을 누락한 혐의에 대하여 수시로 주식변동조사 대상자로 선정할 수 있다.

① 탈세 제보, 세무조사 파생자료, 정보자료 등에 따라 주식변동조사가 필요한 경우

② 법인세조사(조사사무처리규정 제50조 제1항에 따른 법인세 등의 통합조사를 포함한다) 중 해당 법인에 대한 주식변동조사가 필요한 경우

③ 상속세 및 증여세를 조사 결정함에 있어 상속 또는 증여받은 주식과 관련하여 해당 법인에 대한 주식변동조사가 필요한 경우

④ 주식변동과 관련한 각종 세금을 누락한 혐의가 발견되어 해당 법인에 대한 주식변동조사가 필요한 경우

상속세 개편 논의,
어떻게 바라봐야 하나?

현재 정부·여당을 중심으로 상속세를 개편하려는 움직임을 보이고 있습니다.

개편하려는 외관상 의도는 최근 부동산 가격의 급등에 따른 1주택 보유자의 불만과 불안을 해소하기 위한 차원과 가업 승계에 따른 세 부담을 없애서 경영을 지원하기 위한 차원이 아닐까 생각해봅니다.

실제 실무를 하는 처지에서 보면, 최근 아파트나 상가 등의 가격이 2~3배 급등하는 상황에서 상속세 과세기준은 2000년대 초반의 기조를 유지하고 있고, 더 나아가 최근에는 재산평가제도가 강화되어 세 부담이 상당히 높아진 것은 사실인 듯합니다. 다만, 이렇게 환경이 바뀌었음에도 2023년 말 현재 상속세 과세인원이 2만여 명에 불과한 것을 보면, 많은 분이 미리 증여 등을 통해 대책을 세우고 있는 것으로 관측됩니다.

현재 상속세 개편과 관련해서 정부·여당에서 추진하고 있는 방법은 크게 네 가지 정도인 것 같습니다.

첫째, 현행 10~50% 세율 중 최고 한계세율을 30%로 인하하는 안입니다.

세율은 국회의 동의를 얻어야 하는 사안으로 실제 인하될 가능성이 얼마나 될지 잘 모르겠습니다. 과세표준 구간 조정과 함께 세율이 대폭 인하되면 상속세 과세인원이 대폭 줄어들 것으로 보입니다. 물론 사전 증여 같은 행위도 많이 줄어들 것으로 보입니다.

둘째, 상속공제제도의 조정입니다.

1세대 1주택에 대한 상속세 과세제외는 국민정서상 폭넓게 받아들여질 가능성이 커 보입니다. 이에 따라 1세대 1주택에 대해 상속세가 과도하게 과세되지 않게 하려고 일괄공제를 5억 원에서 7억 원 등으로 인상하거나, 동거 주택 상속공제에 배우자도 포함하는 식으로 조정하면 이 부분이 자연스럽게 해결되지 않을까 싶습니다.

셋째, 과세방식의 변경입니다.

현행 상속세는 유산과세형, 증여세는 유산취득과세형으로 과세되는데 지금 정부·여당은 상속세를 증여세처럼 하겠다는 견해인 듯합니다. 이러한 논의는 예전부터 있었고, 상속세 과세구조를 근본적으로 바꾸는 것이라, 지금 당장 실행되기는 힘들 것으로 판단됩니다.

넷째, 가업 승계에 대해서는 자본이득세를 도입하는 것입니다.

상속으로 인해 가업 승계가 일어나면 이 시점을 기준으로 상속세가 과세됩니다. 정부·여당은 가업 승계 시점에 상속세 과세가 아닌, 향후 주식을 양도할 때 과세하자는 논리입니다. 다만, 이 부분도 앞의 과세방식 변경처럼 단기간에 이루어질 것은 아니고 장기간 논의를 거쳐 실행 여부를 결정하지 않을까 싶습니다. 사견으로는 현행 가업상속공제가 최대 600억 원까지 적용되고 있는데 굳이 이렇게 해야 하는지 생각하고 있습니다.

이 외에도 언론에 발표되지 않은 것들도 다양하게 검토해서 2024년 7월 중의 세제 개편안에 반영할 것으로 보입니다. 현 정부와 여당이 상속세를 대하는 태도는 상속세 부담의 대폭 완화로 읽히기 때문입니다. 그런데 실제 2024년 7월 25일에 발표된 개편안을 보면 당초 언급되던 것과는 달리 최고 세율이 40%로, 일괄공제 대신 자녀공제를 확대하는 쪽으로 방향을 선회한 것 같습니다. 아무래도 세수 감소와 감세에 대한 부정적인 여론을 감안한 것으로 보입니다. 이러한 개편안은 향후 여론과 국회 활동 등에 의해 결정될 것인데, 이러한 논의에 개인 의견을 덧붙여보자면 현행 매매사례가액제도는 반드시 개정해야 할 것으로 생각됩니다. 신고서 제출 시점에 신고가액이 결정되는 식으로 말입니다. 저자의 책 등을 보신 분이라면 무슨 말씀인지는 다 아실 것으로 생각합니다만, 왜 이 제도가 지금까지 개선되지 않고 그대로 흘러오고 있는지 이해가 되지 않습니다. 여기에 한 가지 더 추가한다면 10년 상속세 합산 기간 내 양도가 있어 양도소득세를 낸 경우 이 양도소득세를 상속세에서 공제(한도 설정)할 수 있었으면 합니다. 양도소득세를 내고, 또 상속세를 내면 이는 이중과세의 문제 소지가 다분히 있어 보이기 때문입니다. 실제로도 이러한 논리로 상속세를 폐지하라는 요구도 있는 것 같습니다.

이상과 같이 정부·여당의 상속세 개편안이 어떤 식으로 결론이 날 것인지 모르겠으나, 이 부분이 현실화될 경우 국민의 삶에 많은 영향을 줄 것으로 보입니다. 다만, 현재의 추진안은 국회에서 통과가 되어야 시행되므로 세율 등이 바람대로 인하되지 않을 가능성도 있어 보입니다. 어찌됐거나 독자들은 이러한 흐름 속에서 현행의 세제를 정확히 이해하고 향후 세법이 어떤 식으로 개정되는지 정리하다 보면 주어진 상황에 맞게 능동적인 실무처리가 가능해질 것으로 기대합니다. 2024년 7월 세제 개편안과 이에 대한 분석은 바로 뒤를 참조하시면 좋겠습니다.

감사합니다.

2025년
상속세 개편안과 분석

정부는 2024년 7월 25일에 2025년에 적용될 상속세 등에 대한 세제 개편안을 발표했다. 물론 이러한 안은 정부의 안이며, 2024년 12월 중 정기국회의 의결을 거쳐 통과 여부가 결정된다. 다음에서는 상속세를 중심으로 개편안의 내용과 이에 대한 분석을 해보고자 한다.

1. 상속세 등 관련 개편안

이번에 정부에서 발표한 상속세 관련 세제 개편안을 요약하면 다음과 같다.

구분	현행	개정안
1. 세율 인하	10~50%	10~40%(10억 원 초과분 40%)
2. 자녀 상속공제액 인상	1인당 5,000만 원	5억 원(10배 인상)
3. 대주주 할증 과세 폐지	대기업 대주주 20% 할증 과세	폐지
4. 소규모 성실신고법인 법인세율 인상	9~24%	19~24%
5. 기타	· 일괄공제 5억 원 · 배우자상속공제 5~30억 원 · 상속세 유산과세 · 가업상속 시 상속세 과세원칙	없음.

다음에서는 위의 내용 중 상속세에 관련된 주요 내용을 하나씩 분석해보자.

2. 세율 인하

현 정부의 상속세율 개편안은 다음과 같다.

현행		개정안	
과세표준	세율(누진공제)	과세표준	세율(누진공제)
1억 원 이하	10% -	**2억 원** 이하	10% -
1억 원 초과 5억 원 이하	20% (1,000만 원)	2억 원 초과 5억 원 이하	20% (2,000만 원)
5억 원 초과 10억 원 이하	30% (6,000만 원)	5억 원 초과 10억 원 이하	30% (7,000만 원)
10억 원 초과 30억 원 이하	40% (1억 6,000만 원)	10억 원 초과	**40%** **(1억 7,000만 원)**
30억 원 초과	50% (4억 6,000만 원)		

이 개정안을 보면 10% 세율 적용구간인 1억 원이 2억 원으로 상향 조정되는 한편 30억 원 초과분의 50%의 세율이 삭제되는 것으로 되어 있다. 이렇게 세율을 조정하는 이유는 상속세와 증여세 부담을 완화하려는 조치로, 이 안이 확정되면 2025년 1월 1일 이후에 상속이 개시되거나 증여받는 분부터 적용될 예정이다. 다만, 세율 개정안이 국회 문턱을 넘을 수 있을지의 여부는 불명확하다. 생각보다 큰 폭의 상속세 세수 감소가 발생할 가능이 크기 때문이다.

예 상속세율 개편안에 따른 세 부담의 변화

상속세 과세표준 5억 원, 50억 원인 경우 세 부담이 얼마나 감소하는지 알아보자.

① 5억 원

구분	현행	개정안	증감
과세표준	5억 원	5억 원	
×세율	20%	20%	
−누진공제	1,000만 원	2,000만 원	
=산출세액	9,000만 원	8,000만 원	△1,000만 원 (△11.1%)

이렇게 10%의 세율 적용구간이 상향 조정함에 따라 전반적으로 상속세와 증여세의 부담이 10% 선에서 감소할 전망이다.

② 50억 원

구분	현행	개정안	증감
과세표준	50억 원	50억 원	
×세율	50%	40%	
−누진공제	4억 6,000만 원	1억 7,000만 원	
=산출세액	20억 4,000만 원	18억 3,000만 원	△2.1억 원 (△10.29%)

3. 상속공제액 상향 조정

상속공제는 세율과 함께 상속세 제도에 매우 중요한 위치를 점하고 있다. 그런데 당초 알려진 것과는 달리 자녀상속공제액을 확대하는 쪽으로 개정안이 나왔다. 따라서 상속인에 자녀의 수가 많은 경우 세 부담이 상당히 감소할 것으로 보인다. 다만, 이 공제 확대 대신 일괄공제 확대 등으로 방향을 선회할 수도 있을 것으로 보인다. 배우자나 자녀가 없거나 또는 자녀의 수가 적은 경우에는 세 부담 감소의 효과가 없거나 미미할 가능성이 크기 때문이다. 이처럼 자녀공제만 확대하면 일부 층이 혜택을 받지 못하는 문제점이 발생할 수 있다.

구분		현행	개정안
기초 공제		2억 원	좌동
그 밖의 인적 공제	자녀 공제	1인당 5,000만 원	1인당 **5억 원**
	미성년자 공제	1인당 1,000만 원×19세 까지의 달하기 연수	좌동
	연로자 공제	1인당 5,000만 원	좌동
	장애인 공제	1인당 1,000만 원×기대여 명 연수	좌동
일괄공제*		5억 원	좌동

* 기초 공제(2억 원)와 그 밖의 인적공제 합계액과 일괄공제(5억원) 중 큰 금액을 공제한다.

예 자녀 공제 개편안에 따른 세 부담의 변화

상속세 과세표준 5억 원, 50억 원인 경우 세 부담의 변화를 보자. 단, 자녀 공제로 늘어난 부분은 이 과세표준에서 차감하기로 한다.

1) 자녀가 없는 경우

이 경우에는 현행과 같이 일괄공제 5억 원을 받게 되므로 세율 인하의 효과만 주어질 것으로 보인다.

2) 자녀의 수가 1명인 경우

이 경우에는 종전 일괄공제 5억 원을 받을 수 있으나, 개정안에 따르면 일괄공제 5억 원 대신 기초 공제 2억 원과 자녀 공제 5억 원 등 7억 원을 받을 수 있으므로 현행 대비 2억 원이 공제액이 증가된다.

① 5억 원

구분	현행	개정안	증감
당초 과세표준	5억 원	5억 원	
-자녀 공제 증가분	–	2억 원	
=수정 과세표준	5억 원	3억 원	
×세율	20%	20%	
-누진공제	1,000만 원	2,000만 원	
=산출세액	9,000만 원	4,000만 원	△5,000만 원 (△55.5%)

　이렇게 자녀공제액이 증가하면 이에 따른 상속세 부담이 상당히 많이 감소할 것으로 보인다.

② 50억 원

구분	현행	개정안	증감
과세표준	50억 원	50억 원	
-자녀 공제 증가분	–	2억 원	
=수정 과세표준	50억 원	48억 원	
×세율	50%	40%	
-누진공제	4억 6,000만 원	1억 7,000만 원	
=산출세액	20억 4,000만 원	17억 5,000만 원	△2억 9,000만 원 (△14.2%)

3) 자녀의 수가 2명인 경우

　이 경우에는 종전 일괄공제 5억 원을 받을 수 있었으나, 개정안에 따르면 기초 공제 2억 원과 자녀 공제 10억 원 등 12억 원을 받을 수 있으므로 7억 원이 증가된다.

① 5억 원

구분	현행	개정안	증감
당초 과세표준	5억 원	5억 원	
-자녀 공제 증가분	-	7억 원	
=수정 과세표준	5억 원	0원	
×세율	20%	-	
-누진공제	1,000만 원	-	
=산출세액	9,000만 원	-	△9,000만 원 (△100.0%)

　이렇게 자녀공제액이 많이 증가하면 이에 따라 상속세를 내지 않는 경우도 발생하게 된다.

② 50억 원

구분	현행	개정안	증감
과세표준	50억 원	50억 원	
-자녀 공제 증가분	-	7억 원	
=수정 과세표준	50억 원	43억 원	
×세율	50%	40%	
-누진공제	4억 6,000만 원	1억 7,000만 원	
=산출세액	20억 4,000만 원	15억 5,000만 원	△4억 9,000만 원 (△24.0%)

　이렇게 자녀공제액이 증가함에 따라 고액 재산가층에 대한 상속세 부담도 다소 줄어들 전망이다. 다만, 배우자가 없거나 자녀가 없는 경우에는 세율 차이에 의한 감소효과만 주어질 것으로 보인다. 물론 세제 개편안이 원안대로 통과되는 것을 전제로 한다.

신방수 세무사의
가족 간 상속·증여
영리법인으로 하라!

제1판 1쇄 2024년 8월 16일

지은이 신방수
펴낸이 한성주
펴낸곳 ㈜두드림미디어
책임편집 신슬기, 배성분
디자인 김진나(nah1052@naver.com)

㈜두드림미디어
등 록 2015년 3월 25일(제2022-000009호)
주 소 서울시 강서구 공항대로 219, 620호, 621호
전 화 02)333-3577
팩 스 02)6455-3477
이메일 dodreamedia@naver.com(원고 투고 및 출판 관련 문의)
카 페 https://cafe.naver.com/dodreamedia

ISBN 979-11-93210-83-3 (03320)